文芸社セレクション

新しい資本主義108のヒント

強い者勝ちから知足共生へ

西岡 健夫

NISHIOKA Takeo

文芸社

まえがき

今日、地球温暖化、戦争、経済苦境など様々な問題が山積する中で「新しい資本主義」のあり方が模索されているが、本書は、「新しい資本主義」を考える時のヒントを提供しようとするものである。ヒントは108編用意しており、どれも1編1200字程度のエッセイにまとめた。各編は、独立した読み切りのエッセイで、どの編からでも興味にまかせてお読みいただけるようにしてある。新聞や雑誌のコラムのようなつもりで読んでいただければよい。ただし、テーマが関連したエッセイについては、互いに近辺にまとめて配置するようにした。

「108のヒント」の前に「知足共生と資本主義経済」という講演資料を載せたが、これは、「108のヒント」の底を流れる私の基本的考え方を述べたものである。108本のエッセイは独立したものだが、決してバラバラのものではなく、底には一本筋が通っていることをおわかりいただくために本書に入れたのである（108本書いたのは、それが人間の煩悩を表すから）。

私は、基本的考え方として、かねてより「知足共生」を提唱しているのだが、その背後には次のような「素朴な」問題意識がある。

経済成長は重要だが、それにしても政府、企業が成長ばかり追求するのはなぜか？　成長しないと経済は持たないと言われるが、果たしてそれは本当か？

先進諸国では物質的には「豊かな社会」が実現していると見てよいのに、また、機械（ロボットやＡＩ）で何でもできるようになろうとしているのに、我々は相変わらずあくせくとモノの生産・販売活動に励んでいる。それも、自然環境を汚染・破壊し、人間社会を住みにくくしてまで。一体なぜなのか？

我々は、一体何をしているのだろうか？　経済が『生活に必要なモノを供給』することだとすれば、社会が豊かになれば、昔のようにあくせくしなくてもよいはずで、もっと自由時間が増えて楽しく暮らせるはずである。それなのに、我々はモノの生産・販売、ライバルとの競争に躍起になっている。必要なモノの供給を超えて、それをめぐる競争に勝つことが仕事になっているのだろうか？　確かに、競争に勝てば、富はもちろん地位や権力も得られる。経済の場は、生活に必要なモノを供給する場と言うよりも、富や地位や権力をめぐる競争の場なのか？

競争に勝つためには、無理をしても売り込まねばならないし、巨額の宣伝費をつぎこんで流行を創り出さねばならないかもしれない。頻繁にモデルチェンジをして目先を変えたり、使い捨てをあおったりしなければならないかもしれない。また、売上高の前年比割れや、成長の鈍化には神経をとがらせなければならないかもしれない。しかし、こうしたことに明け暮れしていて、一体どうなるというのだろうか？　成長しないと経済は持たないと言うより、こうしたことを続けていれば、地球が持たないのではないか？

　ここで、経済の不調とは何かについて考えておきたい。現代社会では、不況・恐慌が経済不調だと言えるが、農業社会（日本では明治維新以前）では飢饉がそれであった。しかし、不況と飢饉は正反対である。飢饉はモノ（食料）が不足して困る状況なのに対して、不況はモノが過剰になって売れずに困る状況だからである。このことを「素朴」にモノをベースに考えれば、どうなるだろうか？　経済学を知らない昔の人は、モノが余っているのに、なぜ現代人は困るのか？　不況で失業者が出たなら、そこへ余ったモノを回せばよいではないかと思いはしないだろうか？　経済学の進んだ現代に生きる我々も、時にはモノ・ベースで単純に考えてみる必要があると思う。現に、経済非常事態（自然災害など）への対応においては、モノ・ベースの思考が見られる。

　私は、以上のような問題意識の下に本書をまとめた。しかし、本書では考え方のヒントを提示しただけで、具体的な対応策は提示していない。具体的対応策については、私にもいくつか腹案はあるが、それは別の機会に譲りたいと思う。

　最後に、ひとつお断りをしておきたい。本書では「モノ」という言葉を頻繁に使っているが、その「モノ」にはサービスを含めている。目に見えるモノだけでなく、目に見えないサービスも含めてモノと呼んでおり、経済学で言えば財＋サービスを指していると理解していただきたい。

目次

知足共生と資本主義経済

資本主義経済下では経済活動の自由はあるが、結果に対しては自己責任をとらねばならない。そこでは製品が売れれば所得は増えるが、売れなければ生計さえ立てられないため、市場で売れること、多く売ることが生命線になり「売らねば」という行動が生まれる。一方、売るための競争は激しく、競争に敗れれば生存を脅かされるため、誰もが「勝たねば」の姿勢で臨まざるを得なくなる。この「売らねば」「勝たねば」という行動は、当たり前のようでいて、資本主義経済の核心として忘れるべきではない。

「売らねば」行動は、社会が必要とするモノを豊富に供給することを通じて、社会を豊かにし、経済を成長させる。必要なモノ、便利なモノをふんだんに供給することによる成長は「よい成長」であるが、「売らねば」行動が行き過ぎれば「悪い成長」を招く。例えば、使い捨て・浪費をあおるような販売活動や、実体経済を振り回すようなマネーゲームによる成長は「悪い成長」であろう。

「勝たねば」行動、すなわち競争は、効率を向上させて経済を活性化する。そのような競争は「よい競争」であるが、競争は行き過ぎれば「悪い競争」となる。例えば、勝つためには手段を選ばないような競争、共倒れを招くような競争、環境破壊や過労死をもたらすような競争は「悪い競争」だと言えよう。

このように、「売らねば」「勝たねば」行動が行き過ぎれば、「悪い成長」「悪い競争」がもたらされ、それは自然環境の破壊、人間社会の破壊をもたらす。人間社会の破壊とは、例えば社会的絆の喪失、心の病の増加、格差の拡大などが挙げられる。このような諸問題に対しては、個別にきめ細かく原因と対策を考えねばならないが、全体を通じた基本理念として知足共生が重要ではないかと思う。

図解すれば次の通りである。

（資本主義経済の核心）		（もたらされる問題）		（基本理念）
売らねば	悪い成長	自然環境の破壊		知足
行き過ぎれば	→		→	
勝たねば	悪い競争	人間社会の破壊		共生

知足、共生は単独では時々使われる言葉だが、私は、四字熟語としての「知足共生」を提唱している。それは、資本主義経済の核心を「売らねば」「勝たねば」ととらえた時、「売らねば」の行き過ぎには「知足」が、「勝たねば」の行き過ぎには「共生」が対応するからである。資本主義経済は豊かな社会を実現したが、その問題点を克服するには、理念として知足共生が重要だと思う。

悪い成長

経済が成長すれば生活が豊かになるから、成長がよいことなのは間違いない。しかし、政府も企業も成長至上主義になり、成長により福祉でも雇用でも何でも解決するように喧伝していないだろうか？

成長を取り上げる時、中身をもっと問題にすべきである。成長には「悪い成長」もあるのだから。例えば、使い捨てをあおって販売量が増えても成長する。また、衝動的な消費や、隣が買ったからウチも買う式の横並び消費により販売量が増えても成長する。さらに、マネーゲームが盛んになっても、景気があおられて成長が促されるだろう。しかし、このような成長は水膨れであり、「悪い成長」だと言ってよい。

いわゆるバッズ（Bads）による成長も「悪い成長」だと言えよう。バッズとはグッズ（Goods）に対する用語で、要するにありがたくないモノである。例えば、経済一辺倒になれば自然環境の汚染・破壊が進み、環境対策が必要になるが、そのための施策（一例を挙げれば排煙や廃水の処理設備の増設）によっても成長する。しかし、これはうれしいことではない。また、社会が乱れて犯罪が増えれば、警察やセキュリティ会社が忙しくなり、そこでの所得増加を通じて成長するが、これもありがたくはないだろう。同様に、社会が住みづらくなりストレスがたまって病気が増えれば、医療サービスの需要が増えて経済は成長する。

しかし、こうした環境破壊や、犯罪、病気の増加といったありがたくないこと（バッズ）を推進力にする成長は願い下げにしたい。

成長の中身をチェックしてみることは、経済のあり方、企業のあり方を考えてみることである。企業は、過剰な宣伝広告によって使い捨てをあおっていないか、本来の事業を放置してマネーゲームに走っていないか、よく振り返ってみる必要がある。バッズについては、環境の汚染・破壊にせよ、犯罪や病気の増加にせよ、経済、社会のあり方にかかわっている。社会全体が使い捨て・浪費体質になっていないか、誰もが利己的になり、競争に勝つことばかりを考えるようになっていないか、おカネ万能になり、儲けることばかり考えるようになっていないか、こうしたことを反省することが出発点となる。

そもそも、現在の先進諸国のように「豊かな社会」が実現すれば、経済成長率が落ちるのは自然の流れである。それなのに、『成長しなければ経済はもたない』とばかりに成長を声高に喧伝するとすれば、それは間違っている。

と言っても、もちろん成長を否定しているわけではない。成長の必要な分野はまだまだある。社会にとって真に必要なモノ、例えば災害対策や科学技術推進（イノベーション）などによって成長することは重要である。すなわち「よい成長」が求められている。

悪い競争

競争は、効率を向上させ経済を活性化する。競争しながら切磋琢磨すればお互いに能力アップがはかれる。この限りでは競争はよいことなのだが、昨今は、競争は善だと前提され、勝利至上主義が横行しているのではなかろうか？　また、いつの頃からか「勝ち組、負け組」という嫌な言葉も使われるようになった。そうした中で人々は勝ち残らねばという強迫観念にとらわれ、社会はストレスの多い住みづらい所と化し、助け合いの精神も薄れているように見える。心の病や、動機の判然としない犯罪の増加の背景にも、競争に追い立てられる日常があるのかもしれない。

ここでは「悪い競争」について、手段、プロセスに分けて見てみよう。まず、手段について。勝つためには手段を選ばないような競争は「悪い競争」である。企業の場合は、例えば①従業員や下請け企業へのしわ寄せや、②環境規制や安全規制における法網くぐりは、わかりやすい例だろう。①は、従業員や下請け企業に犠牲を強いて行なうコストダウン、②は、法規制はギリギリしか守らず、時にあえて法網くぐりをするような行動である。

また、③消費者の使い捨てをあおる販売競争、④過度の宣伝広告合戦・接待合戦、⑤ライバルに勝つための設備使い捨て（浪費的な新鋭設備競争）も「悪い競争」である。このうち⑤は、工場、商業施設を問わず見られるが、スクラップ・アンド・ビルドという名のもとの使い捨ては、グローバル的競争の激化とともに一段と加速している。

次に、プロセスについて。互いに切磋琢磨して共に向上するプロセスをともなう競争は「よい競争」であるが、軍拡競争のように悪循環に陥り、ますますエスカレートして共に傷つく競争は「悪い競争」である。企業の場合は、①価格引き下げの消耗戦、②宣伝広告合戦、③過度の設備新鋭化競争などにこの悪しきプロセスが見られる。これらは、企業の費用負担を増やすとともに、資源浪費・環境破壊をもたらす。

軍拡競争においては、相手国が軍拡をすれば当方も軍拡をせざるをえなくなる。企業間競争の場合、例えば、相手が値下げすれば当方も値下げをせざるをえず、それを見た相手はさらに値下げをするという悪循環に陥る。これは「囚人のジレンマ」と呼ばれているが、ジレンマを避けるには、お互いの信頼関係、コミュニケーションが重要である。

競争は基本的にはよいことである。しかし、現実には「悪い競争」もある。それを避けるには、競争ルールを整備・強化しなければならない。その前に、そもそも何のために競争するのか、経済とは何なのかについて、原点に戻って考えてみること、そして相互の信頼関係を構築することが肝要である。

知足と経済

知足とは、強欲を戒めて「足る」を知ることである。なぜわざわざこんなことを言うのか？　資本主義経済では欲望が野放しにされて、それが自然環境を破壊し心の荒廃を招いているのではないかという不安があるからである。

資本主義経済では企業はモノを「売らねば」生存できない。当たり前のことである。だが、ともすればこれが行き過ぎて環境の汚染破壊や、物質主義の弊害をもたらす。行き過ぎというのは、例えば過度の宣伝広告によって使い捨てをあおったり、衝動的消費や付和雷同的消費を誘ったりすることである。最近は消費者の消費依存症を悪用した依存症ビジネスまで登場していると言う。こうした行き過ぎによっても経済は成長するが、それは「悪い成長」である。これを是正するためにも「知足」という理念は重要だと思う。

知足は、決して欲望の否定ではない。欲望は進歩の原動力である。だが、行き過ぎはよくない。人間は、足ることを知る方が幸福になれるのではないだろうか。いつまでも満足できないなら、それこそ不幸である。また、先進諸国のように豊かな社会になると、物質的豊かさのあくなき追求は控える方が、得られる満足はかえって増えるのではないか。自然環境がクリーンになり精神的ゆとりもできて、トータルな満足としてはかえって増えると期待できるからである。

知足の主張は、物質主義に異議を唱えることでもある。物質主義とは、物質的豊かさこそ人間の幸福の源だと見るとともに、物質的豊かさを追求する人間の欲望には限りが無いとする見解である。そこでは、精神的豊かさや中庸の徳は軽視されており、また、それは拝金主義とも結びついている。物質的豊かさは幸福の条件ではあるが、知足の精神に立ち戻って、物質主義の行き過ぎは避けねばならない。

知足に則って企業を経営するとは、どういうことだろうか？　社会にとって本当に必要なモノを必要なだけ供給することである。売れれば何でもどんどん売り込むという姿勢は改めねばならない。量的には、使い捨てや浪費をあおることは避け、質的には、自らの製品が人々を幸福にするかについて考えることが重要である。そこからは、例えば資源・環境問題克服のためにシンプルな製品や長持ちする製品が提供されたり、子供の健康や教育の上で好ましくないモノは販売が見合わされたりするはずである。

こうした経営をすれば、売上高が減少するかもしれない。しかし、そうした姿勢が消費者の支持を獲得すれば、やがては盛り返せるだろう。また、売上高が減っても、それに対応する費用も減るはずであるから、収支はバランスすることが期待できよう。いずれにせよ、そのような社会的責任をわきまえた企業に対しては、消費者、社会全体で支援していく必要がある。

共生と経済

共生とは、無益な争いを避け互いに支えながら生きてゆくことである。なぜ共生を取り上げるのか？　資本主義経済ではとかく競争が過度になり、それが社会をギスギスしたものにしたり社会的絆を弱くしたりしているのではないかと懸念されるからである。

資本主義経済では企業はモノを売る競争において「勝たねば」存続できない。当然のことである。だが、これが行き過ぎれば社会的絆を損なったり環境破壊をもたらしたりする。例えば、過度のモデルチェンジにより使い捨てをあおったり、宣伝広告を通じて流行を創り出したりする競争が激化すれば、資源は浪費され環境は汚染破壊されるだろう。また、競争が過度になれば、過労死や心の病が増え格差も拡大し、社会が住みにくくなるだろう。こうした弊害をもたらす競争は「悪い競争」である。それを避けるには、競争ルールの整備強化が必要であるが、その基盤として「共生」という理念が重要だと思う。

共生は、決して競争の否定ではない。競争は成長の原動力である。だが、行き過ぎると弊害が大きい。効率を高めるような競争、切磋琢磨を促すような競争は「よい競争」であるが、資源浪費・環境破壊を招くような競争、誰もが消耗させられるキリの無い泥沼競争、勝つためには手段を選ばない競争は「悪い競争」である。共生の理念のもとに「悪い競争」は避けて「よい競争」を盛んにしなければならない。

共生の主張は、競争主義に疑問を呈することでもある。競争主義とは、競争を善ととらえて競争を奨励し、競争の勝者が社会的適者として手厚く処遇されて繁栄することにより社会も進歩すると見る考え方である。そこでは、利他の心や他者への配慮は脇に押しやられ、共存共栄や和の精神は顧みられていないかのようである。競争は発展の必要条件ではあるが、共生の精神に立って、その行き過ぎは抑えねばならない。

共生に則って企業を経営するとはどういうことだろうか？　勝つためには手段を選ばないような「悪い競争」は避けて、いかによい仕事を誠実にするかという面での「よい競争」をすることである。よい仕事をして社会に貢献するために、切磋琢磨したり効率向上をはかったりする競争も重要である。また、近江商人に伝わる三方よしの精神を守るとともに、強者の論理、強いものの勝ちで万事を進めることのないようにすることも忘れるべきでない。

このような経営をすれば、利益追求一点張りのあくどい企業との競争において苦戦を強いられるかもしれない。しかし、消費者、社会を味方につけることができれば、結局は良心的企業が生き残れるだろう。もちろん、消費者、社会の側でも良心的企業を応援しなければならない。

新しい資本主義１０８のヒント

強い者勝ちから知足共生へ

1　資本主義経済（自由経済）の核心と問題点

資本主義経済（自由経済）下では経済活動の自由が認められ、何を作りどのように売ってもよいが、結果に対しては自己責任をとらねばならない。そこでは製品が売れれば所得は増え生活が豊かになるが、売れなければ生計さえ立てられないため、市場で売れること、多く売ることが生命線になり「売らねば」という行動が生まれる。一方、売るための競争は激しく、競争に敗れれば生活を失うため、誰もが「勝たねば」の行動で臨まざるをえなくなる。

この「売らねば」「勝たねば」行動は資本主義経済（自由経済）の核心である。と言っても、あまりにも当然のことで、何を今さらと言われるかもしれない。だが、それは自由経済の核心として銘記すべきだ。自由経済を、産業革命以前の農業社会や、今は無きソ連型の計画経済と比べれば、その違いは歴然としている。

さて、「売れなければ」ということは、いかによいモノでも売れなければ何にもならない、売れさえすれば何でもよいということにつながる。また、「売らねば」ということは、それが行き過ぎれば、「使い捨て」をあおってでも、また過剰な宣伝により流行を創り出してでも、とにかく売るということになりかねない。ムダなモノでも無理をしてまで売らねば、そして売るための競争には手段を選ばずに勝たねば生活できないとすれば、それは一体何なのだろう。自然環境の汚染・破壊や、種々の経済・社会問題（企業不祥事、過労死、絆喪失、心の病、格差拡大など）といった弊害は避けられない。こうした中で我々は生きがいを感じられるだろうか？

そもそも、経済とは『生活に必要なモノを入手すること』だが、それを現代では、必要なモノを分業でつくり、つくったモノを交換するという分業交換システムを通じて行なっており、我々は分業システムのどこかで何らかのモノを生産供給するという役割を受け持つ。しかし、「売らねば」「勝たねば」行動が行き過ぎれば、社会的分業システムで役割を果たすという基本から乖離してしまう。「売らねば」とばかり売り込むことと、必要なモノを分業でつくって交換することとは似て非なることである（本書『21「売る」ということ』参照）。

現在、モノであふれるほどの豊かな社会が実現している。それなら、成長の必要な分野は別にして、経済活動は全体としては落ち着いていてよいはずである。だが、現実には我々は相変わらず「売らねば」「勝たねば」とばかりあくせくしており、様々な弊害を招いている。まさしくここに社会的分業システムで役割を果たすという基本からの乖離が如実に表れていると言えよう。

「売らねば」「勝たねば」の暴走を食い止めるには、まず、原点に返って自由経済の特質をよく考えてみる必要がある。その上で、自由経済システムをよりよいものにするための制度、ルールの整備・強化をはかることが肝要である。

2　神の見えざる手（需給原理）と経済自由主義

誰もが利己的に（自分の利益のためだけ考えて）行動しても社会全体がうまくゆくとすれば、それほどありがたい話は無い。ところが、経済の世界にはそれがあるのである。経済とは、必要なモノが必要とされるだけ供給することだと言ってよいが、それは、あらゆるモノの需要Dと供給Sが均衡する（D＝Sになる）ことであり、その均衡は需給原理によって実現する。なぜなら、或るモノのDがSより多い（D＞S）ならば、そのモノの価格（P）は上昇し、Pが上昇すれば買い手はDを減らし売り手はSを増やすから、D＝Sとなる、逆にD＜Sならば逆のプロセスを経て、やはりD＝Sに達するからである。

このプロセスにおける買い手、売り手の行動を見れば、買い手は価格Pが下がれば購入量Dを増やし、Pが上がれば購入量を減らす。売り手はその逆の行動をとる。このように誰もが自己利益だけ考えて自由に行動しても、価格Pを見て行動している限りD＝Sが実現し、モノを必要なだけ供給するという経済の目的が達成される。ここでは『自己利益だけ考えて自由に行動しても』というところがカギであり、ここから経済活動は「自由放任」しておいてよいという思想が生まれた。これが経済自由主義の背後にある思想であり、現代においても市場主義の主張を支えている。ここで市場とは需給原理（価格メカニズム）が機能する場という意味であり、市場主義は人為的な計画や規制などは止めて市場に任せようとする考え方である。

重要な補足をしたい。価格Pの変動を見て売り手、買い手が行動する結果、均衡（D＝S）が達成されると述べたが、Pの働きは需給均衡をもたらすだけでなく、資源配分にも影響する。Pが上昇し需要D＞供給Sとなる分野には資源（ヒト、モノ、カネ）が集まるが、D＜Sの分野では資源が引き上げられる。このように、需要の多い分野に資源が流れて資源配分が最適化されるのである。

もう一つ補足を。価格（P）の変動を見て行動するというのは、比喩的に言えば、Pという「見えざる手」に導かれて行動していると言ってもよい。そこでPを「神の見えざる手」と呼ぶのである。

ここまで需給原理（価格メカニズム）、神の見えざる手の要点を述べてきた。しかし、実は遺憾ながら神の見えざる手は万能ではない。従って、それを根拠とする経済自由主義、市場主義には問題がある。万能ではないと言う時、論点は二つある。一つはよく言われることで、それはいわゆる「市場の失敗」である。

それは市場（需給原理）が機能しないための失敗だが、もう一つあまり言われることの無い失敗がある。それは市場がよく機能するゆえにこそ起こる皮肉な失敗で、私が特に強調したい点である。これについては別の機会にゆだねたい（本書『4「神の見えざる手」（需給原理）の問題点』参照）。

3　市場主義と現実の企業行動

市場主義は、経済活動の自由を前提に競争を促進し、需給調整、資源配分は市場（需給原理）にゆだねる。それにより経済は活性化し効率が向上して、経済は成長し豊かな社会が実現すると考える。以下、企業行動に即して考察する。

（1）競争の奨励：企業は、やむなく競争に巻き込まれる時はさておき、極力「競争させられる」ことを避ける。企業が競争に参加するのは勝算がある時か、メリットがある時（例えばライバルとの切磋琢磨による能力向上）である。

企業は競争に勝ち残って独占的利益を得ることをめざす。それが企業のモチベーションになる。競争は決着がつけば、勝者の独占に終わるが、イノベーションや消費者嗜好変化により独占が覆れば、次の競争プロセスが始まる。競争と独占は一連の流れであり、切り離すことはできない。一般に競争は勝者と敗者を分け格差を生み出すが、その格差は競争参加者のモチベーションを上げる。独占は単に禁止するのではなく、独占的利益というモチベーションと、独占の弊害との間の兼ね合いを考えることが肝要である。ただ現状では、格差の拡大や、巨大企業（例えばＧＡＦＡ）の独占には問題があると思う。

（2）経済成長、豊かな社会：企業にとって豊かさの実現は歓迎すべきことではない。企業は経済活動の自由の見返りに結果に対して自己責任を負うため、新製品開発、販売促進に注力し、とにかくモノを「売らねば」ならないが、豊かな社会が本当に実現するとモノが売れなくなって困るからである。モノを「売らねば」ならない企業は、経済成長が無ければもたない。しかし、どこまでも成長を続けるのは、特に自然環境の制約から見て不可能だと思う。

（3）需給原理による自動的調整：市場主義は、価格Pの変動を見て動く売り手、買い手の行動により需給が調整され、さらに需要Dが増えて価格Pが上がった分野に資源（ヒト、モノ、カネ）が流れることにより資源配分が最適化されることに期待する。しかし、企業は需給原理に受動的に従って、価格Pが上がれば供給Sを増やし、Pが下がればSを減らすような行動だけをするわけではない。能動的に需要Dを創造して売上高を増やそうとするし、価格Pを上げるために需給原理を逆用して供給Sを絞ることもある。

需給の均衡（D＝S）が需要に見合うだけ供給される満ち足りた状態だとすれば、企業にとってそれは、それ以上モノが売れない状態だから不都合である。企業は需要創造、販売促進を行なって、D＞Sの状態にしようとする。競争下にある企業にとっては、現有設備だけで需要Dが満たせてD＝Sの均衡が実現できても、競争に生き残るためにはあえて新鋭設備や大規模設備に切り替える（スクラップ・アンド・ビルド）。それも、現有設備がまだまだ使える設備であっても廃棄する。これは資源・環境の観点から見れば大きな問題だと思う。

4　「神の見えざる手」（需給原理）の問題点

自由経済（資本主義経済）下では需給調整、資源配分最適化は需給原理（価格メカニズム）にゆだねられる。需給原理は「神の見えざる手」になぞらえられ、それに従って経済は動くと言われる。だが、いくつか疑問点がある。

（1）需給原理によると、需要D＞供給Sなら価格Pが上がり、Pが上がればDは減りSは増えてD＝Sという均衡に達する。逆にD＜SならPが下がり、Pが下がればDは増えSは減ってやはりD＝Sに達する。Pの変動により需給が調整されるのだが、D＝S（均衡）が実現する時のPが均衡価格である。

様々なモノのDとSとが均衡すれば人々の必要が満たされる、と一応は考えられる。だが、D＝Sの状態では、その時の均衡価格Pで買える人のDと、売れる人のSが均衡しているだけで、均衡価格Pより安い価格でしか買えない人、Pより高い価格でしか売れない人は排除されている。すべての人の需要量を合計して、合計必要量だけ供給されるのではないのである。

（2）需給原理によると、需要Dの多い分野では価格Pが上がり企業は儲かるはずだから、そこに資源（ヒト、モノ、カネ）が流れて資源配分が最適化される、と一応は考えられる。だが、需要は購買力によって決まるから、購買力の大きい人が優先される。企業が富裕層ビジネスに力を入れる通りである。また、企業は儲かるモノを売ろうとする。そのため、需要がまとまらないモノや高付加価値化しにくいモノは後回しにされるが、そうしたモノの中には社会にとって不可欠のモノもある。需給原理による資源配分には、このような歪みが生じる。

（3）社会全体でD＝S（均衡）が達成されれば、つまりインフレギャップ（D＞S）もデフレギャップ（D＜S）も無ければ、それでよしとされる。だが、そこには水膨れを含むことがある。使い捨て品、過剰機能品、不要不急品などはいかがであろうか？　需給原理（価格メカニズム）は水膨れをチェックできない。

（4）需給原理は価格Pを基準にして機能する。価格とは交換価値なのだが、交換価値を基準にすれば、資源浪費・環境破壊を招くことがある。例えば、使用価値があっても（まだ使えても）交換価値の低いモノ（安いモノ）は使い捨てにされるし、せっかく作った製品でも価格下落を防ぐために廃棄されることがある。

（5）交換価値を基準にすれば、再生不能資源（化石燃料、鉱産物）と再生可能資源（太陽エネルギー、水、植物）を区別できない。前者の価格が後者よりも安ければ、前者が使い過ぎられて資源枯渇が進む。

需給原理が機能しない場合は「市場の失敗」としてよく議論されるが、上述の疑問点はあまり取り上げられない。それは、需給原理がよく機能した場合の失敗、つまり「成功ゆえの失敗」という皮肉な問題である。

5　人の見える手、大きな政府

市場主義は、経済活動の自由を最大限に認め、競争を通じた効率向上により経済成長を促進しようとする。そして、需要Dと供給Sの調整、資源配分の適正化は市場（需給原理）にゆだねる。D＞Sなら価格Pが上がり、Pが上がればDが減りSが増えてD＝S（需給均衡）が達成される、一方、Dの多い分野へは資源（ヒト、モノ、カネ）が流れて資源配分が適正化される、という市場の働きを信頼するのである。この市場（需給原理）は「神の見える手」と呼ばれる。

しかし、「神の見えざる手」（市場）だけに依存することはできない。それには限界がある。早い話、市場ではPはDとSの関係（需給関係）だけで決まると想定されるが、現実には取引当事者の力関係が影響するし、また、伝統、慣行、社会通念、価値観、衡平感なども影響する。P、D、Sという変数間の関係を機械的に関連付けるのではなく、力関係や、慣行、価値観なども考慮に入れねばならない。需給調整や資源配分において、力（パワー）の善用、ノブレスオブリージュ（強者の責任感）、各人の見識、世間の良識も重要な役割を果たす。

市場に限界があるなら、政府の役割が重要になる。市場主義は、民間企業の自由、市場の働きを最大限に尊重し、政府に関しては「小さな政府」を唱える。具体的施策として進められてきたのは民営化、規制撤廃、行政改革などだが、確かにそれらは必要だと思う。

しかし、考えねばならないことがある。

①まず、市場から排除されるヒト、モノへの対応について。市場は購買力の無いヒトを排除する。失業、疾病、障害、老齢などによりヒトは購買力を失うが、そうしたヒトに対して国家が手を差しのべる必要がある。また、市場は儲からないモノを排除する。道路や橋など皆が仲間で使う「公共財」はもちろんのこと、理論上企業が供給できる「私的財」でも儲からないモノは企業は扱わない。需要がまとまらないモノ（例えば稀少疾患の治療薬）や、付加価値のつけにくいモノ（例えば自然にやさしいシンプルライフ製品）がそれである。そうしたモノは国家が供給確保に配慮する必要がある。

②規制緩和・撤廃によって、既得権や産業保護への安住を防いで経済活性化をはかることは望ましい。しかし、自然環境保護や安全衛生のための規制など社会的規制には、むしろ強化しなければならないものもある。

③「小さな政府」をめざすことは、「親方日の丸」的な非効率を無くす上では望ましい。しかし、国家の役割が増える要素もある。例えば、老朽化したインフラの更新、風水害・地震など災害対策は喫緊の課題である。最近はそれに感染症対策が加わった。また、地球温暖化対策の強化、人口高齢化への対応、経済格差の是正など国家が主導しなければならない重要課題が山積されている。

「神の見えざる手」だけでなく「人の見える手」の重要性を忘れるべきでない。

6　市場の境界と排除

市場とは企業が経済活動を行ない様々なモノが売買される場だが、その境界はどこにあり、何が排除されるのか？　モノとヒトの二面から見てみよう。

（1）モノの面：モノの面では企業にとって儲かるモノかどうかが境界となる。儲かるモノ（商品）は市場で売買されるが、儲からないモノは市場から排除される。これは当然だと言われそうだが、理論的には当然ではない。

理論上モノは私的財と公共財に分けられる。私的財は所有権が設定できて営利的に売買されるモノ（商品）、公共財は皆が共有し皆が仲間で使うモノ（例えば道路や橋）であり、私的財は企業（民間）、公共財は政府が供給を担当する。

先に理論的には当然ではないと言ったのは、私的財の供給は理論上企業の分担であるのに、儲からないモノは供給されないからである。

儲からないモノとは需要がまとまらないモノ（例えば専門書）、高付加価値化しにくいモノ（例えばシンプルライフ製品）、流行を創り出せないモノなどである。しかし、儲からない私的財の中には社会にとって重要で不可欠なモノがある。例えば、環境負荷の小さいシンプルライフ製品、需要がまとまらないでは済まない稀少難病の治療薬など。これらは政府が対策を講じねばならない。

（2）ヒトの面：ヒトの面では購買力があるかどうかが境界となる。購買力があれば市場に参加できるが、無ければ市場から排除される。

購買力を失う原因には失業、病気、障害、老齢などがある。購買力が無く市場に参加できなければ、モノが買えず生活できない。だが、現代社会では科学技術の進歩により全員のために生活に必要なモノを生産するだけの生産力はある。それなのに、全員のための生産がなされない。結果、「豊かな社会」が実現しているのに、生活困窮者が存在するという「豊富の中の貧困」が起こっている。

生産力が充分にあるのなら、働けず購買力の無いヒトが少々いても養っていけるはずだが、市場経済ではそれができない。企業は購買力のあるヒトに、儲かるモノだけを売ろうとし、購買力の無いヒトのための生産は行なわないからである。ヒトは企業人としては儲かるモノを売らねばならず、消費者としては他企業が儲かると見て売るモノを買わねば経済は回ってゆかない。売ろうと思えば、相手からも買わねばならないという相互依存関係の中で、『購買力のあるヒト、儲かるモノだけで循環する自己完結的なシステム』が市場経済なのである。

ここで、政府の出番が来る。儲からない私的財だけでなく、市場から排除されたヒトに対して適切な対応が要請される。なお、子供は購買力が無いが、親は子供に対しては喜んでカネを出す。子供は排除されず市場の中に組み込まれている。かつては高齢者も家族が面倒を見た。失業者も田舎に帰れば何とかなった。それが無くなった現代では、排除されたヒトに対する政府の役割が増している。

7　経済とは

経済とは「生活に必要なモノを生産供給すること」である。ここでモノにはサービスも含まれるが、経済学で言えば「財＋サービス」にあたる。以下、①必要はいかに決まるか？　②必要の範囲はどこまでか？　について考察する。

（1）必要はいかに決まるか？∴計画経済ならば、政府が「何がどれだけ必要か」予測し、それに基づいて生産供給がなされる。自由経済（資本主義経済）では、企業は需要の多いモノを生産したり、新たに需要を創造したりし、それが消費者に選択されて売れれば、結果的に「売れたモノ」が必要であったとみなされる。必要は事前にわかっているのではなく、事後的にわかるのである。

いま、「売れたモノ」が必要であったと言ったが、すべてのモノが同じように必要なのではなく、必要度には差がある。必需品と非必需品の区別は可能であり、中には不要不急のモノや、宣伝広告に乗せられて買わされるモノもあるだろう。自由経済では、企業とともに消費者にも深い見識が求められている。

（2）必要の範囲はどこまでか？∴必要なモノの供給は人間の欲求を満たすためである。人間はまず生存維持の欲求を満たさねばならず、そのため衣食住にわたる必需品を最低限「量的」に確保しようとする。しかし、それにとどまらず経済的に豊かになれば、次々と欲求が芽生えてくる。「質的」によりよいモノ、より便利なモノ、高級で贅沢なモノ、そして、自分の好みに合ったモノ、感性で選ぶモノを求めるようになる。さらに、遊びのあるモノ（面白グッズなど）、見栄を張れるモノ、地位を示すモノ（ステイタスシンボルなど）を求める。遊びは娯楽として、地位は買官として、それ自体も売買の対象になる。また、憂さ晴らしになるモノや、時間つぶしになるモノを求めることもある。

このように、人間の欲求に照らして「必要」を見てくると、その中身は多様であり範囲は広がっていく。ところで、今まで見てきたのは消費者の必要なのだが、我々は消費者であると同時に企業人でもある。企業人の仕事に即して見てみると、我々は単に「機械的に」必要なモノを生産供給するのではなく、仕事の過程で地位や権力を追求したり、遊びをはさんだりする。遊びとは、例えば遊び心をモノに加えたり、ライバル企業との競争をゲームのように遊んだりするということを指す。また、蕩尽、破壊の欲求を仕事で満たすこともある。モノの使い捨て、設備の頻繁なスクラップ・アンド・ビルドを目の当たりにすると、蕩尽、破壊の欲求をつい持ち出したくもなる。

経済とは、一応は「必要なモノを供給すること」だと言えるが、必要の中身は多様で、その範囲は限りなく広がっていく。欲求に応えるのはよいとしても、その弊害（環境破壊など）を避けるとともに、「足るを知ること」（知足）も忘れるべきではない。

8 社会的分業システムと人間的欲求

人間は、生活に必要なモノ（サービスも含めて）を分業により生産し、それを交換して生活している。それが社会的分業システムである。そこでは、誰もが何らかの役割（機能）を担い、それを果すことにより社会に寄与しているのだが、それは仕事と言ってよい。例えば、企業や行政機関の中で、あるいは自営業やフリーランスとして働いたりするのがそれである。

しかし、人間は仕事をすることを通じて単に機能を淡々と果たしているのではない。機能をただ機械的に果たすのではなく、そこでは様々な人間的欲求を満たそうとする。仕事に生きがいを感じ、達成感を得たり、好奇心を満たしたりしようとすることもあるだろう。また、仕事をゲームのように楽しむこともあるだろう。さらには、仕事を通じて、金持ちになることをめざしたり、地位・権力・名誉を求めたりすることもあるだろう。

現代の諸問題（自然環境の破壊、経済格差の拡大、心の病気の増加など）を考える時には、上記の人間的欲求の中では特に、金持ちをめざしたり、地位・権力・名誉を求めたりすることに注目すべきである。そのような欲求があるのは、人間として自然であるが、それが度を越すと様々な問題を招く。

度を越すと言うのは、金持ちをめざす場合なら、金儲け第一に走って仕事（社会的分業システム上の役割遂行）を二の次にすることである。そこでは、仕事が金儲けのための手段にされており本末転倒している。また、地位・権力・名誉を追い求める場合なら、それらの獲得に血まなこになり本来の仕事を忘れてしまうことである。そこでも、仕事は地位・権力・名誉追求のための単なる舞台にされている。地位・権力・名誉は稀少性が大きいため、それらを獲得する競争は熾烈を極めるのが常で、足の引っ張り合い・泥仕合のような共倒れを招くむなしい競争に陥りやすい。

人間は、社会的分業システムを構築して、そこで分業により生活に必要なモノをつくって誰もが生きてゆけるようにしている。これが原点だと思う。しかし、そこに行き過ぎた金儲け主義や地位・権力・名誉の追求が入ってくると、様々な問題が生じる。金儲けや、地位・権力・名誉追求は、人間の自然な営みではあるが、それが度を越さないようにコントロールする必要がある。

現代の諸問題（環境破壊、戦争・紛争、社会の住みにくさ）を克服して、誰もが幸福になれる社会にするために、上述のことをよく認識した上で、互いに真摯な議論を重ねることが重要だと思う。

9 「成長無くして福祉無し」は正しいか？

経済成長第一主義者は、成長すれば何でも解決するように言う。福祉課題の解決も同様で、「成長無くして福祉無し」と言う。経済が成長すれば税収が増えて、それを福祉に回せるからである。しかし、果たしてそうだろうか？　元来、国民にとって必要な公共財（国民が共通に利用するモノ）は、成長するかどうかにかかわらず、国民が皆で税金を出し合って政府が計画的に提供すべきものである。福祉もその一つであり、他にはインフラ（道路・橋など）の補修・更新、災害（地震・風水害など）への備え、科学技術の振興などが重要だと思う。これらは、国民の総意を受けて政府が計画的に推進する必要がある。税金は、国民の皆が負担するのだが、負担にはもちろん公正さが要求される。

成長すれば税収が増えて、福祉などの財源になるというのは、民間企業の発想である。企業経営では、例えば安全対策や環境対策はコストの問題だと認識され、企業が成長して儲かっていなければ充分には手を回せないように言われることがある。しかし、国家にとっての福祉など公共財提供はコストではなくて、経済の振興・活性化と同列に置くべき国家の本務そのものである。成長によって税収が増え、それによって必要な公共財を提供できることは事実だが、だからと言って、成長しなければ公共財提供ができないと言うことにはならない。

また、成長により税収が増え、それを福祉に回せると言う時、成長の中身はよく吟味してみなければならない。例えば、使い捨て・浪費をあおっての販売増加やマネーゲーム・バブルを通じた好景気、あるいは片寄った富裕層ビジネスによっても成長するが、そうした成長には疑問符がつくだろう。

成長は、国民にとって真に必要なモノによって実現させねばならない。先に取り上げた福祉、インフラ更新、災害対策、科学技術振興などは、そうした必要なモノに含まれる。そこでは、成長はそうしたモノによって実現するのである。経済を成長させて、そうした分野に資金を回すのではなく、『そうした分野で成長する』というのが正しい認識である。

そうは言っても、使い捨て、マネーゲーム、富裕層ビジネスでも成長しさえすれば税収が増えて、それを使えるではないかという反論が依然として残るかもしれない。だが、その場合、実物のベースで見た時、成長の中身とニーズはマッチしているだろうか？　例えば、福祉受給者のニーズに応えた実物（衣食住から教養娯楽まで）は提供されているだろうか？　提供されていないと思う。もちろん、増えた税収によっていずれは提供されるようになるかもしれないが、そこへ行くまでにはかなりタイムラグがある。それよりも、国民的合意のもとに、必要なモノが「直接的に」提供され、それにより成長するようなシステムを構築する方が国民のニーズに応えられるのではないだろうか。

10 長い箸を持たされた餓鬼

こんな寓話がある。昔或る村には食べ物はふんだんにあった。ところが、そこの住人は箸が無ければ何も食べられないのに、持たされた箸は1メートルもある長い箸で、食べ物を自分の口には運ぶことができなかった。しかし、お互いに仲よく他の人の口まで長い箸で食べ物を運んで食べさせ合えば、皆がお腹いっぱい食べることができたはずである。だが、そうはせずに、誰もが自分のことばかり考えて自分の口へ長い箸で食べ物を運ぼうとして先を争った。そのあげく誰もが何も食べることができず、全員飢え死にしてしまった。

現代の社会を見てみればどうか？　何から何までモノはふんだんにある。生活に必要なモノを生産する生産力も充分にある。我々の家の中は衣類や電気製品であふれかえっており、食べ物は食品ロスが問題になるほど生産されている。世界では生産された食品の3分の1が廃棄され、わが国の食品ロスは年間600万トンにも達する。このような現状から見れば、皆で仲よく分け合いさえすれば、生活に困る人は出ないはずである。しかし、生活困窮者は無くならず、世界の餓死者は年間8億人以上にのぼる。テロにしても、宗教上などの原因もあるのだろうが、失業、経済的困窮も原因として見逃すことはできない。

では、仲よく分けられないのはなぜか？　人間には、自分だけよければよいという傾向があるからだろうか？　一人占めにしようとする強欲さもあるのだろうか？　しかし、強欲は論外として、他者と比べ豊かになりたいという欲望そのものは決して悪いことではない。むしろ、その欲望から互いに競争すれば、経済は活性化し経済成長が実現する。また、その欲望から創意工夫がなされて、科学技術の進歩や新規領域の開拓が促されれば、社会は豊かになる。

しかし、競争が行き過ぎて、勝つためには手段を選ばないといった状況になることは避けねばならない。いつの頃からか「勝ち組」、「負け組」という嫌な言葉が使われるようになったが、こうした風潮は嘆かわしいことである。怠け者を認めることはできないにしても、競争敗者にも温かい目を向けたいと思う。

また、現代社会には大きな経済格差ができていることも気がかりである。アメリカでは、社会の上層1％の人々が所得の25％を獲得し、資産では40％を保有していると言われる。格差が存在すること自体は自然なことであるが、アメリカの状況は許容範囲を超えているのではなかろうか？　熾烈な生き残り競争の中で社会の絆が失われ、精神的に病む人が増えたり、テロや暴動が起こったりして人間世界が破滅してしまっては元も子もない。

我々は、いま一度「長い箸を持たされた餓鬼」の寓話を思い出して、誰もが「共生」の心を呼び起こす必要がある。

11　シェアリングの心

近年、シェアリング（Sharing）という言葉が流行っている。経済の世界におけるその現れはシェアリングエコノミー（SE:Sharing Economy）である。ＳＥとしては、インターネットを活用して、レンタルにプラスアルファしたサービスを提供できるようなものが注目される。例えば、アメリカのタイ・ソサエティ、エア・クロゼットが挙げられる。それぞれネクタイ、女性用衣服のレンタル業だが、通常のレンタルに比べて、品ぞろえが豊富で会員として入会すれば様々なネクタイ、衣服が自由に利用できるというプラスアルファが付加されている。

また、ＳＥとして旅客輸送のウーバー（Uber）や宿泊施設のエア・ビー・アンド・ビー（Airbnb）が成長している。これらは、他者とシェアして使う（共用する）という点では上例と同じだが、遊休資源を活用するという点では異なる。Ｕｂｅｒではクルマ所有者の空き時間、Airbnbでは空いた住宅が有効利用される。そこで、アイドルエコノミー（Idle Economy）と呼ばれることもある。

以上、ＳＥについて概観したが、何がポイントだろう？　インターネット利用により、他者との共用や、遊休資源の活用をはかりながら、利益のあがるシステム（ビジネスモデル）をいかに構築するかがポイントだと思う。

ところで、そもそもシェアリングとは何だろうか？　シェア（Share）とは「分かち合う」という意味であり、それがシェアリングの心である。全体的な観点から経済の世界においてシェアリングを考えてみると、どうなるだろうか？　現在、先進国はモノで満ちあふれるほど豊かである。にもかかわらず、生活困窮者が存在する。モノが充分にあるのだから、適切にシェアすれば困窮者は出ないはずである。

また、現在、ＡＩやロボットの普及により失業が増えることが懸念されている。しかし、本来はＡＩ、ロボットの活用が進めば、働かなくてよくなり自由時間が増えるはずで、それはうれしいことである。どこかの分野で失業者が出れば、人手の必要な分野へ移って仕事をシェアすればよい。そうしたワークシェアリングによって失業は解消し、社会の誰もが楽になるはずである。

シェアリングとは「分かち合う」とともに「分かち持つ」（共有し共用する）という意味でもある。我々は自然環境を共有し共用している。自然環境の汚染破壊への対応にはさらなる注力が要請されているが、まず、我々は自然環境をシェアしているのだという認識をしっかり持たねばならない。

このようなシェアリングの心を持つことは、「共生」することにつながる。シェアリングと言う時、経済の世界においても、シェアリングエコノミーといった営利活動だけでなく、そもそもシェアリングとは何かということに思いを致し、シェアする心を大切にしたいものである。

12　合成の誤謬（普通の合理的な行動の不都合な結末）

誰もが、法律違反をしないことはもちろん、悪いことは何もしないで、合理的に行動し仕事に励んでいれば、社会全体はうまくいくだろうか？　うまくいけばよいのだが、現実はそう簡単ではない。

地球温暖化を考えてみよう。温暖化は、企業の経済活動や消費者の日常生活を通じて排出される炭酸ガスが、長年の間に蓄積されて引き起こされたものである。しかし、炭酸ガスは特に有害な物質ではないし、また、何か法律違反があって温暖化が起こったわけでもない。むしろ誰もが合理的に行動し一生懸命働いているのに、それが長年の間に温暖化をもたらすようになったのである。

このように、個人（ミクロ）のレベルでは合理的な行動が、社会全体で合成されると、全体（マクロ）のレベルでは不都合なこと（誤謬）が生じる場合がある。それが「合成の誤謬」である。

近年、グローバル化の中で競争が激化し、世の中の絆が弱くなって住みづらくなり、その結果、心の病気や自殺者も後を絶たなくなっているのではないかと思うが、これも、誰かが法律違反をしたり悪いことをしたりした結果ではない。むしろ、競争社会の中で生きていくために誰もが懸命に頑張っている結果起こっているのである。ここでも、個人のレベルでは当然と思える生き残り行動が、集まり集まって全体のレベルで問題をひき起こしているのであり、やはり「合成の誤謬」だと言えよう。

「合成の誤謬」は違反行動ではなく、通常の合理的行動によりもたらされる。違反行動であれば、むしろ対処しやすいが、違反ではなく合理的な行動であるだけに対処することが厄介である。ここで重要なのは、小手先の対処（対症療法）だけ考えるのではなく、根本にさかのぼって考えること（原因療法）である。経済のあり方、社会のあり方、人間のあり方を根本から考えてみる必要がある。

上に挙げた温暖化は、経済一点張りになり経済成長ばかり追い求めた結果ではないか。また、絆の喪失や心の病気の増加は、競争による効率向上を重視するあまり、競争圧力が強くなりすぎた結果ではないか。これらを、じっくり考えてみなければならない。

現在、先進諸国では非常に「豊かな社会」が実現している。グルメ、ファッション、クルマ、海外旅行、どれを見ても贅を極めている。それなのに、相変わらず我々はあくせくとモノを生産し、それを売る競争に躍起になっている。これはどこかおかしいのではないか？　地球温暖化のような「合成の誤謬」を改めるためには、このような根本的なことにまでさかのぼって、普段は疑問を持たずに行なっている生産、販売や経済競争のような行動を反省してみる必要がある。

13　「そうせざるをえない」構造

20世紀末から新自由主義の旗印の下で経済成長一辺倒、競争至上主義の風潮が強まったが、それを押し通せば、様々な歪みが出る。自然環境の汚染・破壊は進み、社会的絆の喪失、心の病気の増加、経済格差の拡大などの社会問題も生じる。しかし、そのことに問題意識を持ち、事態を改善しようとしても、声を上げにくい構造が組み込まれている。それは、どんな構造だろうか？

資本主義経済下で経済活動をする個々の企業、個人を見れば、経済活動の自由が与えられている反面、結果に対しては自己責任を負わねばならない。すなわち、自らの製品が売れるほど所得が増える一方、売れなければ生活ができなくなる厳しさに直面している。そのため、いきおい「売らねば」という行動をとらざるをえない。また、売るための競争は激しく、負ければ生活を失う。そのため、いきおい「勝たねば」という行動をとらざるをえない。「売らねば」「勝たねば」という行動は、経済活動の自由が認められた資本主義経済下では、「そうせざるをえない」行動である。「売らねば」行動は経済成長を、「勝たねば」行動は競争による経済活性化をもたらすが、それが行き過ぎて成長一辺倒、競争至上主義に陥れば、弊害をもたらすのは冒頭で述べた通りである。

個人の多くはどこかの組織（企業など）で働いている。そこでは、経営トップや上司の言うことは聞かざるをえない。逆らって自分の考えを通すことは極めて困難である。仮に、成長一辺倒、競争至上主義の弊害に対して問題意識を持っていても、組織の中でそれを表明する勇気はなかなか持てないだろう。経営者が成長一辺倒の考えを持ち、競争に勝つことばかり考えている中では、一般の従業員はそれに「従わざるをえない」のが普通である。しかし、その結果、環境破壊をはじめ冒頭に述べたような弊害が出ることになる。

とりわけ厳しい競争下に置かれれば、成長一辺倒になり、競争に勝つことばかり考えることの弊害を指摘されても、耳を貸すことはできないかもしれない。社会的責任や自然環境への配慮をと言われても、それどころではないかもしれない。競争相手が利己的な行動をとる時に、自社だけ良心的に行動すれば、例えば環境対策や製品安全のためにコストをかけない悪辣な企業との競争に負けてしまう恐れがあるからである。そうした中にあっては、自社中心的に「勝たねば」と躍起にならざるをえないかもしれない。

以上、「そうせざるをえない」構造について主なものを見てきた。しかし、それを放置することはできない。地球環境が破壊され、絆喪失や格差拡大などの社会問題が噴出するようになっては元も子もない。「そうせざるをえない」構造を打破するため、皆で何とか力を合わせねばならない。

14 気休め、免罪符、抜本的対処

地球温暖化やプラスチックごみなど環境汚染・破壊は深刻で重苦しい問題であるが、それに対応するための技術開発や、省資源、リサイクルも鋭意進められている。ただ、ここで気になることがある。

最近はＳＤＧｓが喧伝されており、我々の身近なところでは、ゴミは分別して出し、資源ごみはリサイクルするようになり、衣類のリフォームや、中古品の再利用も増えているし、最近は買い物にエコバッグを使う人も珍しくなくなっている。これらは、環境保護にとって非常によいことである。しかし、それが気休めや、免罪符になっていはしないか気にかかる。これだけ様々な努力をしているのだから、環境問題も解決するだろうと思いたくなるが、それは「気休め」かもしれない。また、リサイクルなどに努力しているのだから、今までのような消費生活を送ってもよいのではないかとも思いたくなるが、そこではリサイクルなどの努力が一種の「免罪符」になっているかもしれない。

また、二酸化炭素の地中封じ込め、微生物による廃棄プラスチック分解、工場のゼロエミッション化（廃棄物排出をゼロにすること）、自然エネルギーの利用などのニュースを聴くと、つい技術開発によって何とかなるのではないかと思ってしまう。しかし、技術開発は万能ではない。副作用もあるし、限界もある。技術開発を過信することは危険で、それも気休めかもしれないのである。

我々は、「気休め」に注意して、抜本的な対処を考えなければならない。まずやるべきことは、経済活動、消費生活を根底から問い直すことである。豊かな社会が実現しても、依然として経済成長一点張り政策を続けているが、それでよいのか？　成長しなければ経済はもたないというように言われているが、果たしてそうなのか？　そうした根底的なことを疑ってみて、抜本的な対処を考えるべきである。抜本的対処とは、使い捨て体質を改め、不必要な成長は追い求めないことである。

気休め、免罪符に関連して、もう一つ寄付についても取り上げたい。寄付をすることはよいことである。しかし、寄付が「免罪符」のようになって、寄付さえすればそれでよいというのでは問題である。特にアメリカなどでは大企業の経営者が巨額の寄付をしていることをよく聞くが、寄付すれば儲けを社会に還元しているのだからそれでよいということでは済まないと思う。企業のあり方、経済のあり方を根底から考えてみることが重要である。企業の目的は何か？　単なる利益追求ではなく、社会の中で役割を果たすことが目的だとの認識が不可欠である。また、巨額の儲けが出るのは、経営者の能力・努力だけではなく、経済の仕組み（例えばネットワーク効果）や、社会からの恩恵（例えば当該社会の高い生活水準による旺盛な需要）にもよる点も忘れてはならない。

15　サスティナブル社会に向かって（変革は一瀉千里に）

自然環境の破壊が進む中でサスティナブル（持続可能）な社会に変えねばという声が大きくなっているが、思うようには進んでいない。その要因の一つに、現行のままに「せざるをえない」構造が社会に組み込まれている点がある。

企業（売り手）の側から見れば、資本主義経済においては何でも自由に事業ができるが、自らの製品が売れなければ生活していけなくなるため、とにかく「売らねば」という姿勢をとらざるをえない。また、売るための競争は激しいため、何とかして「勝たねば」という行動をとらざるをえない。この「売らねば」「勝たねば」という行動は「そうせざるをえない」行動であり、資本主義経済の核心だと言ってよい。しかし、この行動が行き過ぎると、売るために使い捨てをあおることなどを通じてサスティナビリティ（地球の持続可能性）が脅かされる。

消費者（買い手）の側から見れば、モノを買わなければ、不景気になって自らの所得も減るため、「買わねば」という行動をとらざるをえない。消費者は、どこかで働いて所得を得るのが普通だから、不景気になっては困るのである。経済を回していく上での消費の重要性は、「消費は美徳」という標語に表されている。しかし、宣伝広告に乗せられて不要不急のモノまで買って浪費、使い捨てがなされるなら、サスティナビリティが損なわれることは自明である。

消費者にとっては、社会の生活様式に従わざるをえないという面もある。使い捨てが環境によくないことがわかっていても、修理するより新品を買う方がはるかに安ければ、使い捨てせざるをえない。プラスチックごみが環境を汚染することはわかっていても、プラスチック製品が広範囲に使われている経済においてはプラスチックからは抜け出せない。これもまた、サスティナビリティを進める上での壁となっている。

ここまでは「そうせざるをえない」構造について述べたが、サスティナビリティ推進を阻むものとして「既得権」も見逃せない。例えば、プラスチック使用を減らそうとしてもプラスチック関連産業が、また宣伝広告により流行を創り消費をあおることに自粛を求めても、宣伝広告産業が抵抗するかもしれない。

しかし、我々はサスティナビリティのためにひるんではいられない。変革は困難だが、悲観してはならない。サスティナビリティの方に舵を切り替えようとする声が『一旦臨界点を超えれば、あとは一瀉千里に変革が進む』可能性がある。人々には流れを見ていて「勝馬に乗ろう」とする心理があり、また流れが変わり始めると、既存の見方を固守しようとする側からの集団圧力が減退するからである。また、危機を訴えるのはよいが、次代を担う若者を絶望させてはならない。変革できるのだという現実を見せて、若者に夢を与え、この宇宙船地球号を次世代に引き継いでゆきたいものである。

16　循環経済・原因療法

経済活動を見れば、天然資源を使って生産し、生産物を消費し、最後に自然環境に廃棄するという一連の流れがある。ここで廃棄物を再び資源として利用できれば理想的で、それが循環経済である。かつての農業社会では再生可能資源が使われていたから、循環経済が実現していた。例えば、衣料には植物繊維、食料には自然の動植物を（加工食品ではなく）、またエネルギー源としては薪炭などの再生資源が利用され、しかもそれらの利用量は自然で再生できる範囲に止められていたから、自然の生態系と調和する循環経済が成立していたのである。

ところが、産業革命以降、再生不可能な資源（化石燃料、鉱物）が多用されるようになった結果、循環経済が崩れて、一方通行型経済となり、資源枯渇や環境破壊が深刻化するようになった。石油など化石燃料や、鉄鉱石など鉱物資源は有限な再生不可能資源であり、また石油から合成される合成繊維やプラスチックは、自然の中の微生物によっては充分に分解再生できないからである。

しかし、産業革命期に8億人であった地球人口が今や10倍の約80億人に増え、それを支えるのが今日の生産技術であってみれば、それがたとえ再生不可能資源に依存していても、その技術を捨てて後戻りはできない。そこで現代版の循環経済化が模索されているのだが、具体的方策としては頭文字にRのつく施策（Reduce, Refine, Recycle, Reuseの４Rや

Repair, Reform, Rental）がよく取り上げられる。この内、Reuseは再利用、Refineはリサイクルしやすい製品設計やZero Emission製法を指し、Reduceは省資源や省エネルギーを指す。

循環経済化の種々の方策、技術開発はどれも重要であるが、抜本的なこと（原因療法）をおろそかにしてはならない。それは、現代資本主義経済の使い捨て・浪費体質を改めること、いつまでも経済成長第一政策をとり続けてよいのか考え直すことである。上述の4Rで言えば、根本的に重要なのはReduceであり、それには省資源、省エネルギーだけでなく、モノを長持ちさせること、再利用（Reuse）や、リフォーム（Reform）、修繕（Repair）により長く使うこと、余分なモノは買わないことが含まれている。また、可能な限り再生可能資源に切り替えること、例えばエネルギーは太陽熱や風力などの自然エネルギー、原材料は植物など天然素材を使うことが重要である。

わが国の自然エネルギーの利用はEUに比べてかなり遅れており、切り替えを急ぐ必要がある。また、省力化（ロボット化）はコスト削減のためになされるが、資源・環境の面から見れば疑問がある。人間の労力という再生可能資源が機械（その製作に使われる鉱物資源）という再生不可能資源に置き換わるからである。こんなことを言えば時代逆行だと言われそうだが、人間にもいくらかの肉体労働を残しておく方が健康のためにもよいことだと思う。

17　分業・交換システムの光と影

反グローバリズムの台頭、トランプ大統領の保護主義、地産地消の動き、わが国での地方疲弊などに共通するものは何だろうか？　それらはすべて分業・交換システムの持つ影の部分を反映している。人類史をふり返れば、最初は狭い地域で自給自足をしていたが、次第に交易の輪が広がって、今ではグローバル化とともに地球全体で交易が行なわれるようになった。そこでは、各国家、各地域は交易のためにそれぞれ得意の分野を分担することにより、地球全体で分業により生産し、生産物を交換するシステムが構築されたのである。

分業には、会社内部の分業のような組織内分業と、社会全体における各産業、各企業の分業のような社会的分業とがある。ここでは、社会的分業を念頭に置いている。

分業・交換のメリットが大きいことは言うまでもないが、ここでは、影の部分に焦点を当ててみる。大きな点は二つある。一つは束縛、支配関係が生じる点、もう一つは得をする参加者と損をする参加者とに分かれる点である。

（1）自給自足であれば自分が思うように自由な行動ができるが、分業システムの一員になればそうはゆかない。何かと束縛を受けるし、強力な参加者に支配されることもある。それは分業システムに参加する以上は当然のことだが、「強者の論理」だけが通ってしまうことも珍しくない。グローバル経済の場で覇権国アメリカの規準がグローバル規準にされたりするのがそれである。

（２）グローバル化、自由化により分業・交換の輪を拡大・深化させることには大きなメリットがあると言われるが、『誰にとってのメリットなのか』をよく見てみる必要があり、メリットを受ける参加者と受けない参加者とに分かれるのが普通である（参加者としては企業、産業、地域、国家などが考えられる）。一般に自由化（自由競争）は、競争力のある参加者にとってはメリットがあるが、分業システム、競争に巻き込まれる弱い参加者は困難な状況に置かれる。

上記の2点にいかに対応するか？（1）に関しては、強者に寛容、ノブレスオブリージュ（強者は大きな責任を持つべきだという思想）の精神が要請される。（2）に関しては、先進国と途上国、都市と地方、製造業と農業の間に見られるように、強者と弱者の間の利害調整が肝要である。

分業・交換システムに参加すれば自給率が下がるのは当然だが、国家の場合、自給率低下の危険性をもっと認識すべきである。また、広域輸送に大量のエネルギーが使われるが、資源浪費、環境汚染の面から見て問題である。昨今はインターネット販売が盛んになり、はるか遠方にまでモノを売るようになったため、なおさらである。地産地消をもっと進めるべきで、『国家単位の地産地消』を考えてもよいと思う。

18　グローバル化、国家間・地域間・産業間の利害対立

　グローバル化は、自由貿易主義の思潮のもとに、交通・通信システムの発達に支えられ、ヒト、モノ、カネ、情報の交流が活発化したことにより著しく進展した。経済交易を中心に国家間・地域間・産業間の利害対立について見てみよう。

　グローバル的な自由交易は、交易国双方にとってメリットがあることは比較生産費説が言う通りだが、それは平時の場合で、異常時には不都合も起こる。今年（２０２０年）は年初からのコロナウイルス流行の中、海外からの観光客のインバウンド消費激減により関連産業は大打撃を受けた。また、わが国の食料自給率は低く、天候不良や戦争の際に食料が必要なだけ海外から調達できるか危ぶまれる。鉱物資源については、例えば２０１０年に中国によるレア・アース輸出規制という事件があったし、原油の調達も国際紛争による不安定さを抱えている。

　グローバル化は利益を受ける側と受けない側を分断する点にも注意する必要がある。例えば、グローバル化により利益のあがる企業や産業はグローバル化を推進しようとするが、それにより国内に産業空洞化が生じれば雇用は失われる。利害対立は国内だけでなく国家間においても生じる。自由貿易や金融自由化による利益の大きい国はグローバル化を推進するが、一方ではグローバルな経済システムに組み込まれて不利な立場に立たされる国（例えば一次産品に片寄ったモノカルチャー経済国）もある。「世界システム論」は、途上

国は元から貧しいのではなく、グローバル経済に組み込まれて貧しくなった、と説く。
国内の地域間の利害対立はどうか？　わが国の場合、明治維新以降江戸時代にあった300ほどの藩が垣根を払われて、単一の市場に統合され産業化が急速に進んだ。これもグローバル化と同様の変化で、今では東京一極集中が進みストロー効果により地方は産業、雇用を失い疲弊している。近年、地産地消が進んできたが、地方を活性化する上で望ましい。これはまた、グローバル化の流れに対する反省とも考えられる。やみくもにグローバル化を推進するのではなく、『国家単位の地産地消』も真剣に考えられてもよいのではないか。

また、グローバル化は経済の領域だけで進めるのには問題がある。現在、企業を中心にグローバル化が進んでいるが、企業が「いいとこ取り」をして儲かることだけをすることはいただけない。経済の面で世界を一つにするのなら、福祉の面（雇用保障、労働者・消費者保護、自然環境保護も含めて）でもグローバル的に制度を整備すべきである。国内においてはこの点は進捗している（福祉諸制度、地方交付税など）が、グローバルな場での認識は不充分である。

グローバル化は、利害対立を内包している。競争力のある企業、産業、地域、国家は推進しようとするが、「強者の論理」は避けねばならない。グローバル化の中で利益を受ける側は不利益をこうむる側に対し配慮する必要がある。

19　グローバル化の行き過ぎと最適点

グローバル化により交易が拡がれば、国際分業を通じて経済効率が上がり（比較生産費説）、海外の珍しいモノが入ってくるなどのメリットが享受できる。しかし、近年次第にデメリットが大きくなってきているように見える。

わが国では、産業空洞化が生じて雇用が失われ、モノづくりの伝統が消えかけている。また、食料などの自給率が下がり、非常事態（海外での天災や戦争）の際に必要量が確保できるか懸念される。近年では工業製品さえ海外依存が増えており、メイド・イン・チャイナの製品が至る所で見られるようになった。さらに、海外投資家の企業株式保有率が高まり、海外株主の顔色を見なければ経営できないという嘆かわしい事態を招いている。

開発途上国を含めて国際分業システムを見れば、力の強い国は分業システムの中で高付加価値品供給という有利な役割を担い、途上国は交易上不利な一次産品（農産物や鉱産物）に特化してモノカルチャー構造を余儀なくされることがある。「世界システム論」は、このような国際分業システムが定着し、途上国はそこから抜け出せない点に問題があると指摘する。その上、強い国は自国に有利な交易・通商ルールを押しつけることさえ珍しくない。

先進国の企業はグローバル的視野の下に海外に進出するが、そこには安価な労働力への期待もある。しかし、それが不法な児童労働の利用にまで至れば、見逃すことはできない。

また、環境保護基準や安全衛生基準の緩さに着目することもあるだろう。しかし、それが環境の汚染・破壊を招くなら、許されることではない。昨今、わが国では製造業が海外進出し、かつて公害に悩んだ海や川がきれいになったが、汚い工場が海外に出て行っただけなら、決して喜べない。

グローバル化には限度があり『最適点』があると思う。それはどこか？　基本的には、輸入するモノは国内に存在しない資源や作れないモノに限るのがよいのではないか？　わが国が高度成長に入る頃は、わが国に無い資源（石油や鉄鉱石）は輸入せざるをえず、そのためには輸出が不可欠だと言われた。それが現在では、クルマなど工業製品を輸出するために、農産物などを輸入しなければならないと言われるようになっている。これは行き過ぎではないかと思う。

農林水産物はわが国内で自給できそうに思う。野菜など生鮮食料まで遠くから運ぶのは合理的でない。地産地消を基本にすべきである。最近は、衣料品の自給率が大幅に下落したが、工業製品まで自給率が下がっている。身辺を見れば工場が無くなり、物流センターがやたらと目につくようになった。民間企業の経済活動の自由を原則としつつも、国全体で国際分業のあり方を考え直す時期が来ている。そこでは、グローバル化で利益を受ける側（国際競争力のある企業）と不利益をこうむる側の利害調整が欠かせないが、それは政府の役割である。

20 自給率（国家、地域、家庭レベルで）

自給率と言う時、わが国の食料自給率は低いとか、エネルギー（主に石油）は大半を海外に依存しているとかといった形で取り上げられることが多いが、そこでは国家段階での自給率が問題にされている。しかし、自給率は地域や家庭のレベルでも考えることができる。

近年、地産地消の必要が唱えられているが、それは地域レベルでの自給率の問題でもある。また、家庭レベルの自給率は、高度経済成長前に比べて大幅に下がった。衣食住をはじめ様々なモノを市場から買うようになった結果である。

このように、自給率は国家、地域、家庭の各レベルで考えられるのだが、そもそも自給とは分業・交換の反対概念である。人類の歴史を振り返れば、最初は生活に必要なモノを各地域で自給していたが、次第に互いに分業して生産し、生産物を交換するようになって、自給率は下がった。この分業・交換の輪は時代を下るほど拡大し、今ではグローバル化とともに地球大の分業・交換システムが形成されている。

分業・交換システムは大きなメリットを持つ。分業においては、それぞれが得意の分野を受け持つため、経済効率が上がる。また、交換により、自地域ではつくれないモノを他の地域から買うこともできる。こうした経済的メリットがあるからこそ、分業・交換の輪は拡がったのだが、それを推進する原動力として分業・交換により利益のあがる経済人がいることを忘れてはならない。

分業・交換の輪の進展について、効率向上など経済的なメリットや、それを推進する経済人の利益の観点だけで考えるべきではない。国家のレベルでは、安全保障の観点から、食料やエネルギーの自給率が下がることは危険である。また、企業のグローバル展開が無制限に進められれば、国内では雇用が失われる。

地域のレベルでは、地産地消は、東京一極集中により疲弊した地方の経済を活性化する観点から見て重要である。また、特に生鮮食料品などは地域内の「顔の見える」生産者から買えるようにする方がよいだろう。さらに、現在はインターネットショッピングの普及と安い輸送費のために遠方からモノを買うようになっているが、輸送エネルギーの大量使用（浪費）という点からも問題がある。

家庭のレベルでは、子供の育児、教育の観点からは親が家に居るようにすることが大切である。外で働く方が収入は増えるかもしれないが、子供の成長にとって親ができるだけそばに居ることは欠かせないだろう。また、家庭料理をつくったり、セーターを手編みしたり、家庭菜園で子供と一緒に作業したりすることもよいことである。これら一種の自給は、ＧＤＰをむしろ減らすものであり、経済効率は度外視したものかもしれない。だが、人間にとっては不可欠だと思う。

21 「売る」ということ

我々は生活に必要なモノを分業により生産し、生産したモノを交換して生活している。これが分業交換経済で、自給自足経済の対極概念である。分業交換経済において各人が自由に分業交換（経済活動）する場合は自由経済と呼び、そうした自由の無い計画経済と好対照をなす。

自由経済では経済活動の自由を謳歌できるが、結果に対しては自己責任を負わねばならない。そこでは、生産したモノがよく売れれば所得が増えるが、売れなければ生計が立てられなくなる。そのため、売ることに必死になり、売るための競争に勝とうとする。自由経済の核心はまさにここにある。

「売る」とは、単に交換することではない。交換のように淡々とした行為ではなく荒々しい行為である。交換はお互いに自らは持たないモノを譲り合う行為だが、「売る」行為はいかに儲けるかに力点がある。そして、売れるかどうか、売り込み競争に勝てるかという不安を常に抱えているが、そうしたギャンブル性がかえって面白いという面があり、またゲームのように売り込み競争をするという面白さもある。狩猟社会における「狩り」のようなものかもしれない。

自由経済における「売る」という行為は、計画経済はもちろん、産業革命以前の農業社会における経済活動とも大きく異なる。計画経済のように国家の指示通りに働けば、一応の生活はできるというのとは異なるし、また、農業社会のように周囲と協調し自らの役割を十年一日のようにただ静かに果たしていく、身分に縛られた生き方とも異なる。自由経済においても、分業し交換しているのだが、それは単なる交換ではなく命がけの「売る」という活動なのである。

「売る」活動は貨幣を介して行なわれる。売って貨幣を得て、その貨幣で必要なモノを買うという、貨幣を介在させた交換が行なわれる。貨幣は蓄積できるから、「売る」行為には拍車がかかる。どんどん売って貨幣を蓄積すれば、都合のよい時に貨幣を使ったり、事業の拡大に貨幣を投下したりできるからである。また、貨幣はモノの交換価値の尺度になるため、売るモノの交換価値を高めて、可能な限り多くの貨幣を得ようとする行動が現れる。高付加価値化はもちろん、時間差・地域差を利用し安く買って高く売る行動がそれである。インフレやバブルの時のように外部から同じ結果がもたらされることもある。

「売る」こと、「売る」競争に勝つことは困難なことである。それだけに、能力を発揮する格好の場となり、地位・名誉・権力が得られる場（序列付けの場）となる。そうなれば、「売る」活動にはますます拍車がかかるだろう。

「売る」行為の活発化は、我々に豊富に多様なモノをもたらし、社会を豊かにする。しかし、行き過ぎて使い捨て、浪費をあおれば、自然環境も人間社会も破壊される。アクセルだけでなく、行き過ぎを止めるブレーキも重要である。

22　経済システムの歴史

経済システムの歴史は、大きく振り返れば、次の四つに集約できる。
①自給自足から分業・交換へ：最初は各地域・地方で自給自足していたが、次第に経済交流が活発化し、分業・交換の輪が拡がっていった。今ではグローバル化とともに地球全体に分業・交換のネットワークが張り巡らされているが、地域間、国家間の貧富の格差、画一化の行き過ぎなど問題も出ている。
②実物経済から貨幣経済へ：貨幣が発明されてから取引が飛躍的に増加し経済が発展した。今では金融技術が進歩し金融商品が多様化して経済交流に大きな便宜を与えているが、一方ではマネーゲームも横行し、投機が経済をかく乱することも珍しくなくなっている。
③農業社会から産業社会へ：農業・牧畜社会から工業、諸サービス産業を中心とする産業社会に移行し、社会の仕組みも協調重視の集団主義的社会から競争重視の個人主義的社会に変わった。これは個人の自由を拡げ、競争による効率向上を実現したが、他方では格差の拡大や社会的絆の喪失も招いている。
④循環経済から一方通行経済へ：農業社会では、自然に戻せる再生可能なモノを原材料、エネルギー源にする循環経済であったが、産業社会に入って化石燃料（主に石油）が使われるようになってからは自然に循環しない一方通行経済になり、資源枯渇、環境汚染破壊が進んだ。

以上四つの流れの中で問題点を指摘したが、①においては、地産地消、食料自給率向上、反グローバル化などの動きがある。前2者はすべてを分業・交換システムにゆだねるのではなく、自分たちで自給しようとする動きである。②においては、投機の機能は認めつつ、その行き過ぎの制御は試みられているが、基本的には、金融は実物経済を動かすための手段である点を再認識した上で、実物経済の優位性を取り戻すことが肝要である。③においては、格差拡大、絆喪失といった現実を前にして、個人の自由、競争だけでなく、同時に他者への配慮、共生を重視する姿勢が要請されている。④においては、リサイクルなど循環経済化をさらに強化する必要がある。

このように見てくれば、歴史は単純に一方向に進むのではなく、前時代のよさも同時に残しておくことが大切なことがわかる。①自給自足、②実物経済、③農業社会（共生社会、循環経済）のよさも取り入れ、それらを補完的・バックアップ的に活用するなどして、現代資本主義経済の欠陥を是正するのである。

資本主義経済は、とにかくモノを売らなければ、そして売る競争に勝たなければ、ということを行動原理にする経済であり、そこでは経済成長、競争が最重視される。しかし、成長・競争一辺倒では自然環境も人間社会ももたない。歴史から学んで、過去の時代のよい点を見直す必要がある。

23　経済・産業の歴史

科学技術の進歩とともに先進諸国では豊かな社会が築かれたが、その過程を①非必需品の増加、②生産の迂回化、③産業構造の高度化、の3点に焦点を当てて跡付けしてみよう。
①非必需品の増加。経済成長により豊かになるにつれて非必需品を生産する余裕ができ、その割合が大きく増えた。非必需品は贅沢品であり、不要不急のモノと言われることもあるが、不急であっても一概に不要とは言えない。それは生活に潤いを添え、文化水準を示すモノであり、それこそ豊かさとゆとりの証だからである。もちろん、非必需品の中に不要と思えるモノもあるのは事実で、それには注意しなければならない。
②生産の迂回化。ドイツの経済学者W・ロッシャーは、迂回化の説明として『魚を捕るのに素手ではなく、網をつくるという回り道をすれば能率が上がる』という例を出したが、確かに道具や機械を作るという回り道をすれば生産性は飛躍的に上がる。そのため迂回化はどんどん進んだ。しかし、必要なモノは結局は何なのかということを忘れてはならない。必要なモノは消費財（最終生産物）であり、それを作るための迂回化は手段に過ぎない。これを考える時、私はフランスのF・レセップスがパナマ運河を建設しようとした時の逸話を思い出す。

レセップスが現地人を雇おうとして『よく働いたら収入が増えて遊んで暮らせるようになるぞ』と言うと、現地人は『それなら今でも遊んで暮らしている』と答えたそうである。

③産業構造の高度化。経済発展とともに第1次産業（農林漁業）従事者数は人口の5％にまで減り、第3次産業従事者が約70％を占めるに至っている。生産の迂回化との関連を見れば、迂回化のためには第2次産業（製造業）での機械や道具の生産が必要となる。第3次産業では例えば教育は、それにより生産性が上がるとすれば迂回化の一環となる。非必需品増加との関連は、第3次産業の中には非必需品が多く含まれる。例えば、観光、外食、娯楽などがそれである。第3次産業は第1次、第2次産業以外のすべての産業を含んでいて特徴づけが難しいが、今後も割合を高めるだろう。しかし、第1次、第2次産業は人間の生活にとって不可欠のモノを生産する分野であるから、一定割合は残るはずである。

以上、3点に分けて歴史を跡付けした。非必需品増加が真の豊かさ、ゆとりをもたらしているか？　単なる水膨れや資源浪費・環境破壊に終わっていないか？　迂回化が本当に効率を上げているか？　余計な仕事を増やしているだけではないか？　我々は、これらをよく考えてみる必要がある。

24　経済のギャンブル化・ゲーム化

先進諸国では、経済成長の結果「豊かな社会」が実現したが、経済活動はギャンブル化、ゲーム化している。「豊かな社会」実現までの歴史をふり返れば、非必需品増加、マネー経済化の二つ流れが注目されるが、これらはギャンブル化、ゲーム化を招いている。
（1）非必需品増加：貧しい間は衣食住を中心に必需品を確保することに精一杯だが、豊かになるにつれて非必需品に手を伸ばす余裕ができる。グルメ、ファッション、住居インテリア、高級車、旅行、芸術鑑賞、アミューズメントなど、生活はますます豊かで多彩になった。

２０２０年春からのコロナウイルス流行に際し、政府は観光や外食を不要不急として控えるように要請しているが、それらは生存を最低限確保するという観点からは必需でないから、不要不急は非必需と共通している。もっとも、不要不急、非必需と言っても、不急であるが不要とは言えない。それらこそ生活に彩りを添え、文化水準を引き上げると考えられるからである。

非必需品増加は、消費の高級化、感性化、個性化、シンボル化や、エンゲル係数の低下としても現れるし、産業構造の高度化、生産の迂回化とも呼応する。
（2）マネー経済化：経済が成長・発展して金融分野のウェイトが増し、国全体では金利生活の段階に入っている（国際収支の所得収支黒字が大幅増加）。また、直接金融（株式など）に移行し、証券化が進んで、多種多様な金融商品が取引されるようになった。

非必需品増加、マネー経済化は経済のギャンブル化、ゲーム化を招く。

（1）非必需品増加：必需品に比べ、需要が不安定である。消費者は飽きっぽく流行は移ろいやすいうえ、価格にも敏感に反応する（価格弾力性が大きい）からである。こうした不安定、不確定な需要の中で、経営のリスクは増しギャンブル的にならざるをえない。

（2）マネー経済化：直接金融への移行、貯蓄から投資への流れは、リスクを伴い不安定さをもたらす。デリバティブ、証券化などでリスクをヘッジする手法も開発されているが、金融分野もギャンブル的要素、マネーゲームが増えていることは否めない。

対応策として、素朴だが、こんなことは言えまいか？　ギャンブル化は大儲けのチャンスもあるということだから、儲けた時に将来への備えを充分しておくことが大切である。特に、失業者を出さないために、各企業は「雇用確保準備金」を充実させてはいかがであろうか？

25　家族の過去・現在・未来

家族の歴史を振り返ると、産業革命以前の農業社会では3世代が同居する大家族が普通であったが、産業化（工業化）が進むにつれ若者が職を求めて都会に出るようになり、核家族化が進行した。核家族は若い夫婦と子供とで構成される家族で、両親とは別居するから、かつての嫁姑問題は自然解消に向かった。

農業社会の大家族と比べて、現代の家族は機能を大幅に縮小した。農業社会の大家族では農業を始めとする生産機能を担うとともに、高齢者のケア（世話、介護）などの機能も担っていた。しかし、現代の核家族は生産や介護などの機能は外部社会（市場）にゆだね、もっぱら子育て機能に特化するようになった。

このように、家族は規模も機能も縮小の道を辿っているのだが、近年は、それが一層進んでいる。家族が共に過ごす時間（一家団欒など）が減り、家族が各々個室で過ごし、電気機器（テレビなど）の所有は個人単位になり、通信も固定電話から携帯電話に移行して個人所有が一般的になった。さらに最近、若者は結婚前でも家を出てワンルームマンションに住むことが増えている。

また、イエに対する考えも変化した。イエ、家系の意識が薄れ、イエを守りイエを続ける必然性が無くなり、家柄も価値を減じた。それは、産業化とともに子供は親とは異なる職業に就くのが普通になり、住む所も自由に選ぶようになったことや、出自よりも個人の実力がものを言う時代になったことが背景にある。

今後、家族はどのように変わっていくだろうか？　バイオテクノロジーの進歩によりDNA操作編集が行なわれて、親が望む能力や容貌を持つ子供が生まれるようになれば、血のつながりは意味を失うだろう。そうしたことができるのは金持ちだけだとすれば、格差はますます拡大し、新たな階級社会が生まれるかもしれない。

人間の寿命がさらに延びると、4世代が同時代に生きることになる。昔なら超大家族になるが、家族がバラバラになるかもしれない今後は、互いに見ず知らずになってしまうのか？　いや、ICT（情報通信技術）の進歩により、遠く離れて住むようになっても、家族の絆は続くだろう。

親子関係はどうか？　動物の世界を見れば、子供が自立するようになると永遠に別れてしまうことも珍しくない。しかし、人間の場合は、親が子を思う気持ちは強く、絆は無くならないだろう。夫婦関係はどうか？　離婚が増えてきていることからもわかるように、男女関係の流動化は進むかもしれない。高齢者はどうなるか？　年金制度の整った社会では、定年退職後はボランティアをする程度しか社会に係わっていない。しかし、かつての農業社会では、死ぬまで何かの仕事を受け持っていた。定年、年金や、働き方の制度を根本的に作り直して、高齢者はもとより誰もが参加できる社会にする必要がある。

26　歴史の皮肉

未来は過去（歴史や経緯）により決められることが多い。経済学の世界では、経路依存性と呼ばれている。その際、過去の成功が未来の失敗を呼び、逆に過去の失敗が未来の成功を呼ぶという「歴史の皮肉」もよく起こる。

少し古い話だが、１９６０～70年代にイギリスは経済の長期停滞に陥りイギリス病だと言われたことがある。その原因は複雑だが、一因として第二次世界大戦前に世界中に植民地を持つ大英帝国として栄えていたことが挙げられる。戦後は植民地を失い、アメリカが勃興してきたなどの状況変化があったにもかかわらず、戦前の成功への安住気分が抜けきらなかった。また、戦勝国になり、なまじっか古い製造設備が残ったため、完全に破壊された日本やドイツに比べ設備の更新が遅れて競争力を失った。戦前、戦中の成功が裏目に出たのである。

現代のわが国に目を転じると、キャッシュレス決済や携帯通信（スマートフォン）において、中国など新興国に後れをとっているようである。それもＡＴＭによる現金決済や、固定電話網において先行し成功していた結果でもある。しかし、一旦設置したシステムや設備は、投資を回収するまでは簡単には放棄できず、次世代の技術には乗り遅れることがあるのである。

ハーバード・ビジネス・スクールのクリステンセン教授の言う「イノベーションのジレ

ンマ」によると、成功した技術と製品を抱える大企業は、新興企業の手掛ける新製品市場にはなかなか乗り出せない。乗り出せば、既存の自社製品の市場を奪うこと（カンニバリズム）になるうえ、新興企業の新製品市場は当初は小さくて魅力が無いように見えるからである。そこで、既存製品の改良をさらに進めようとするのだが、それは消費者のニーズには合致していない過剰性能であることも多く、結局は、技術的には劣っていても消費者のニーズにかなった新興企業の製品に敗退してしまう。わが国の電機・電器産業、情報・通信産業は、１９８０年代には世界に冠たるものであったが、近年は苦戦を強いられている。クリステンセンの言の通り、成功が失敗のもとになっているのだろうか？

逆に、失敗は成功のもとになる。１９６０年代わが国は公害に悩まされたが、そのせいで環境対策技術が大いに発達した。また現在、世界に先がけて人口高齢化が進んでいるが、そこでも高齢化対応の施策、ノウハウを世界でいち早く確立できるかもしれない。災い転じて福にもできるのである。

グローバル市場の中で苦戦しているわが国の企業は、今後どのように展開できるだろうか？　現在は苦戦を強いられていても、次の科学技術の発展段階に入れば、また新たな展望が開けるかもしれない。その際、企業は「社会の公器」であることをよく自覚し、一段と高い公器性を持ち社会に貢献する存在として、グローバル市場の中でリードし活躍していってほしいと思う。

27　安定と変化

最近は変化が激しい。科学技術は日進月歩で進歩する。製品のライフサイクルは短くなり、流行は目まぐるしく移り変わる。モノだけでなく、ヒト（タレントや政治家）まで次々使い捨てされる。家族を見れば、核家族を通り越して個人単位で生きるようになったかのようであり、また離婚も増えている。企業経営においては、ひところ称揚された日本的経営が捨て置かれ、リストラにも躊躇しない株主本位のアメリカ型経営を取り入れる所が増えている。

しかし、我々が平穏な日常生活を送り、心の安らぎを得るためには、一定程度の安定が欠かせない。収入の安定、人間関係の安定は重要である。転職や転居は頻繁に繰り返すわけにはゆかないし、離婚もおいそれとできるものではない。生きてゆくには、変化についてゆかねばならないが、それには相当なストレスがたまる。また、企業経営においても、変化が激しすぎれば、将来の見通しが立てにくい。資金を投資して発展を期そうとしても、環境がある程度安定している必要がある。不安定な環境下の投資はリスクが大きすぎるのである。

一方、変化が無ければ人間は退屈する。変化があるからこそ面白い。新製品や流行には胸が躍る。また、変化はチャンスを与えてくれる。秩序が固まった安定期には秩序に従わざるをえないが、変動期には、ビジネスにおいてであれ学問芸術においてであれ、既存の秩序から離れて自由にしたいことができる。そして、それがまた進歩を生む。

結局、変化と安定は、兼ね合いの問題なのだろう。では、その兼ね合いはいかに計ればよいのか？　それを知るには、一般論ではなく、経済、政治、家族など分野ごとに焦点を絞って考察する必要があるだろう。以下、経済、経営に焦点を当てて、近年の大きな問題を見てみよう。

今世紀に入って、アメリカ型経営を取り入れ株主本位で経営することが一般的になったが、それは経営者がたえず株価を気にかけていなければならないことを意味する。株価が経営者の成績表になったのである。同時に、政府も株価を景気の重要指標にしている。政権を維持するには、たえず株価が上がるように経済運営をしなければならないのである。ところが、株価はもともと上がり下がりするのは当然で、変化の激しいものである。政府も企業も、そのような変転極まりないものに寄りかかって運営してもよいものだろうか？

企業の経営者は株価の下落を恐れて、百年の大計を立てるようなことができなくなっており、政府は株価を維持するためにあらゆる手段を使うようになっている。その中に、年金基金や日銀資金による株式投資がある。年金基金は、最も安定した運用が求められるのにもかかわらず、基金の半分以上を証券投資に回す現状には大きな不安を覚える。

28　不易と流行

松尾芭蕉の言葉に不易流行がある。芭蕉は『不易を知らざれば、基《もと》立ちがたく、流行を知らざれば、風《かぜ》新たならず』と言った。これは『物事には、決して変えてはならないものと、臨機応変に変えるべきものとがある』という意味に解釈されている。我々は、変えてはならない原理原則はよく理解して尊重するとともに、発展進歩するためには、常に新しさを求めていかねばならない。

現代社会で言えば、どういうことになるだろうか？　不易は人権尊重、流行はイノベーション推進ではないかと思う。人権の中身が何かについては議論が分かれるだろうが、一応の合意は得られていると見てよかろう。イノベーションは、科学技術においてだけでなく、制度の設計や組織の動かし方など社会的な技術においても重要である。

さて、少し観点をずらすと、不易は「変わらないもの」、流行は「変わるもの」だと見ることができる。人類の歴史を振り返れば、科学技術がめざましく進歩し、それにつれ我々の生活の仕方は大きく変わった。しかし、人間性は変わっていないように見える。人間性は不易、生活の仕方は流行だと言えよう。

人間性は変わっていないと言うのは、喜怒哀楽、自尊心、虚栄心、嫉妬心、物欲、権力欲、名誉欲、男女関係、親子関係などの面においてである。このため、我々は何百年前の物語を読んでも、感情移入して、感動するのである。

また、いまだ戦争を無くすことができないのも、人間性の奥深い所に原因があるのかもしれない。近い関係にある者とは仲間意識を持つが、遠くの者には警戒心、恐怖心を持って対峙する。政治家が権力維持のために海外に外敵を創り出す。軍人は出世、功名心のために戦争を望む。このような人間心理は、大昔から変わっていないように見える。

しかし、最近は、科学技術の進歩によって様相が変わってきている。ＤＮＡ操作などバイオテクノロジーと、ＡＩなど情報技術の進歩によって、人間性、人間そのものも変わる可能性が出てきた。ＤＮＡ操作により好みのデザインベイビーを授かったり、薬物により都合のよい性格（例えば外向的性格）に変えたり、サイボーグのような人間をつくったりできればどうなるのか？　人間が人間ではなくなるのではないか？　また、ＡＩやロボットの技術が進めば、それは、ますます人間に近づいてくるのではないか？

先に、人間そのもの、人間性は不易だと考えたが、科学技術の進歩によって、それも怪しくなってきた。しかし、人間は、変わる可能性が出てきても、変えてはならない点もあるのではないだろうか？　冒頭の芭蕉の言葉に戻って、どこまでは不易として尊重しなければならないかを、社会の皆で議論すべき段階にきている。

29　科学技術はドラえもんのポケットか？

地球環境問題は重大問題だが、対処をめぐっては消極的意見が依然として根強く見られる。その根拠はどこにあるのだろうか？　次の三つが考えられる。

①遠い子孫のことまで考えても仕方がない。自分が死んでしまえば、それで全ておしまいである。また、宇宙の遠い未来を見通せば、地球もいずれは消滅する運命にある。環境問題に対していかにあがこうが、なるようにしかならない。

②人類の過去を振り返ってみればわかる通り、困難に遭遇した時には、いつも科学技術の進歩が救ってくれた。環境問題についても、科学技術の進歩によって、やがては克服できるであろう。

③環境問題の重要性はわかるが、グローバル的競争激化の中で生き残りを図ることが先決である。厳しい競争下に置かれた企業にとっては、環境対策にコストをかけていられないという現実がある。

以上三つの消極論の中で、ここでは②を取り上げてみたい。

科学技術の進歩は確かに顕著である。環境問題も解決してくれるかもしれない。地球温暖化を食い止める技術、プラスチックごみを除去できる技術、原子力や化石燃料に頼らなくてよいようなエネルギー技術などが開発されるかもしれない。しかし、科学技術を過信することは避けねばならない。というのは、一般論だが、科学技術には次のような問題があるからである。

①現実の科学技術は、ドラえもんのポケットのようにはうまくゆかない。必ずと言ってよいほど、何らかの副作用を伴う。原子力や、種々の新薬を思い浮かべれば、このことは明らかだろう。

②科学技術の進歩は、必ずしも社会全体のために役立つとは限らない。例えば、企業は、科学技術の研究により儲けることを考えるだろう。その場合、副作用の査定は甘くなるかもしれない。また、企業は儲けとつながるような研究しかしないことも考えられる。

③科学者・技術者は、常に社会全体に貢献することだけを念頭に置いているわけではない。自らの好奇心だけを満たし、功名心に駆られて研究することも少なくない。例えば、最近のバイオテクノロジー（ＤＮＡ編集など）関連の技術開発を見ていると、人間が神の領域に踏み込んでいるようで、空恐ろしくなる。

④これまで軍事技術から民生用に転用された技術は数多い。だからと言って、軍事技術の進歩は手放しで喜べるものではないだろう。

科学技術の進歩を、社会全体のために役立つようにするためには、以上の諸点に充分注意を払う必要がある。

30 バイオテクノロジーの衝撃

遺伝子工学、再生医療、神経薬理学といったバイオテクノロジーの分野は急速に進歩している。それは難病の克服など夢を与えてくれるが、一方では、人類史上過去数千年間の変化よりも「大きな変化」が「急激に」起こりはしないかという予兆があり、我々は得体の知れない不安を抱かされる。

ＤＮＡ編集が進めば、人間が言わば品種改良されて別種の人間になってしまわないか？　クローン人間が生まれれば、それは果たして人間なのか？　人権は与えられるのか？　サイボーグが現れれば、それも人間か？　ＡＩが脳に組み込まれれば、どうなるのか？　これらは、人間が人間でなくなる可能性を示唆し、人間とは何かを改めて問うている。

個人のレベルでは、アイデンティティ（同一性）は維持されるのだろうか？　サイボーグのように優れた能力を組み込んだ場合、別人になってしまうだろう。

パラリンピックを見てもわかるように、健常者より好記録が出ることも珍しくなっている。性格を変えるような向精神薬（薬物）を服用すれば、それまでとは別人格になるだろう。世渡りをするのに好都合な性格を獲得するために薬物を利用することも考えられる。能力、体力、容姿、性格のようなアイデンティティの構成要素はどこまで変えられるようになるのだろうか？

価値観や美徳観も大きく変わるだろう。人間とは、天から授かったものを土台に人生を歩み始め、所与の環境の中で努力し道を切り開いてゆく存在だというのが社会通念ではないかと思うが、DNA操作（デザイナーベイビー）や薬物により能力、体力などが簡単に向上すれば、努力や克己心は無意味になり、それらは美徳とされなくなるだろう。そこでは達成感も得られなくなり、喜怒哀楽、悔しさ、悲しみ、意地といった人間らしい情動も変化するに違いない。

バイオテクノロジー、医学の進歩により平均寿命100歳時代が来れば、社会、経済のあり方は大きく変わる。少なくとも雇用や年金の制度は根本的見直しを迫られる。また、長寿化により4世代が同時代に生き、DNA編集により血縁の意味が薄れれば、家族のあり方も激変するだろう。

社会に適合的な能力・性格、そして寿命までもが「カネで買えるような状況」も考えてみる必要がある。高度先進医療やデザイナーベイビーなどはすでに始まりつつあるが、人間は平等だという前提はどうなるのだろうか？　さらに、新技術を権力者が支配のために用いれば、どうなるか。ハックスレイの『Brave New World』のような世界が到来しはしないだろうか？

進歩が速すぎて、人間社会がついてゆけていない。病気治療など一定の領域は別にして、開発は性急に進めるべきではない。我々には、じっくり議論する時間が必要である。

31　アンチ・エイジング

年を取りたくない、若返りたいという願望は誰にでもあるだろう。最近喧伝されているアンチ・エイジング（anti-aging）の様々な方法は、その願望をかなえてくれるかのようだ。しかし、テレビを見ていると、アンチ・エイジングのCMがあふれかえっており、次々出てくるサプリメントのCMにはうんざりさせられる。何でも儲けの材料にしようとする営利主義には嫌な気分にさせられる。

そもそも、年を取ることは悪いことか？　白髪が増え皺が寄っても、年輪を重ねて獲得した円熟、落ち着きには、それなりのよさがあるはずだ。人間には生老病死のサイクルがあり、いつかは最期を迎える。この自然の摂理は受け入れるほかない。

アンチ・エイジングは、延命治療とも一脈通じるところがある。命が延びるのはよいことだとしても、ただ何が何でも引き延ばせばよいと言うものではない。

メメント・モリ（死を忘れるな）という言葉があるが、死を正面から見つめ、その時が来れば、従容として彼岸におもむきたいものだ。現代社会では、老と死を悪いことだとして避けようとしている。しかし、生老病死のサイクルが避けられないものならば、素直にそれに従う姿勢を持っていたい。

アンチ・エイジングを取り上げる時は、社会の諸制度との関連も考えてみる必要がある。

アンチ・エイジングにより、元気な高齢者がどんどん増えれば、社会はどうなるだろうか？　労働（働き方）の制度が変わらなければ、リタイアした元気な高齢者は、時間を持て余すだろう。もちろんボランティアをしたり趣味を楽しんだりすることは盛んになっている。しかし、もっと責任のある役割を担い社会に貢献できなければ、生きがいが持てないだろう。定年延長は進められているが、もっともっと根本的な対応が必要になってきている。

年金制度も、根本的に変えなければ、元気な高齢者の増加には対応できず、現行制度は破綻するだろう。例えば、ベーシック・インカム（Basic Income）の導入などを考える段階にきている。

アンチ・エイジングにより若返ることはうれしいことだ。寿命が延びることもありがたいことだ。しかし、そこで終わってはならない。生老病死のサイクルや、メメント・モリといった根源的なことに思いを巡らせるとともに、労働や年金などの制度を作り直さねばならない。制度については、微調整ではなく抜本的な作り直しが要請されている。

32　大学教育の将来

教育の機能は、主に次世代の人々に知識、情報、技能を伝授することにより、人々が人生を生き抜き、人間社会が維持できるようにすることにある。教育を担う学校は、病院などとともに典型的なＮＰＯであり、営利を目的とはしない。近年、特に大学では経営（採算）が重視され、財テクにまで手を出す所もあるが、財テクなどは大学の趣旨から逸脱していると思う。赤字にしてはならないことはもちろんだが、儲けることに走るべきではない。

教育の内容は、人々が生きてゆくのに必要な知識、情報、技能であるが、内容を選ぶ際、長期的な視野が必要とされる。最近、大学では即戦力となる人材の育成を経済界から求められているが、あまり実務的なものに偏るのではなく、長い目で見て人生の糧になるようなものを選んで教育し、学生が自分で考える力を身につけるようにすることが重要である。

教育の方法は、進歩するＩＣＴを活用して大幅に変革することができよう。明治維新以来、製造業中心の産業構造に対応した教育方法がとられてきた。すなわち、同年齢の若者を同じ学年に編成して一カ所に集め、画一的な内容の教育を行なってきた。その中で、若者は規律を守り時間を厳守し、周囲と歩調を合わせることを求められてきた。しかし、産業構造のサービス（ソフト）化、ＩＣＴの進歩が著しい昨今、いままでのやり方では通用しなくなっている。

コロナウイルス流行を契機にテレ学習（在宅学習）がとり始められているが、それによって学習者は都合のよい時に、自分にとって必要で興味のある内容を在宅のまま学ぶことができる。大学の場合、大教室での講義科目はテレ学習（例えば放送大学やMOOCを利用）で行ない、大学キャンパス内での教育はゼミ、実習、実験、実技を中心とすればよいと思う。ここで、キャンパスでは、対面（Face to Face）教育のよさを存分に発揮できるようにすることが重要である。

教育の機能は、もう一つある。それは資格の付与であり、学歴もその一環と見てよい。しかし、資格を付与するのは大学や学校でなくても可能である。様々な分野で行なわれている国家試験や、それに準じるものを利用してもよい。大学の入学試験についても、競争試験ではなく資格試験に切り替えられないだろうか？　一定レベルに到達しているかどうかは資格試験でチェックし、特定の大学への入学希望者が定員を超える時には、例えば抽選によって決めてもよい。こんな極端なことを言うのは、現在の大学入試は一度のペーパーテストだけに偏り過ぎているからである。大学の卒業の際にも、全国共通の資格試験を導入すればいかがだろうか？　そうなれば、どこの大学を卒業したかということよりも、大学卒業のレベルに達しているかが問題にされるようになる。

33　欲望無限の仮定

人間の欲望は無限だとはよく言われることである。経済が成長して豊かになるにつれ、欲望はどのように満足させられていくだろうか？　まず、衣食住を中心に基本的・必需的な必要が満たされなければならないが、人間はそれだけでは満足しない。胃袋がいっぱいになり雨露がしのげるだけでは済まないのである。では、それを超えたところにはどんな必要があるだろうか？

（1）人間は、もっと贅沢をしたいと思うし、新奇なモノには飛びつく。ファッションやグルメを楽しみたいし、高級車や高級マンションも欲しい。レジャーで遊び回り、海外旅行もしたいと思う。また、誰もしたことがないこと（例えば宇宙旅行）を夢として追いかける。

（2）人間は、周囲の他人を見ながら消費行動を決める。具体的には、最低限人並みの生活をしたいと思うが、その上で他人よりも多く欲しがり、よいモノを持ちたがる。持っているモノをみせびらかすし、社会的地位（ステイタス）や自己主張を示すシンボルになるモノを求める。

（1）で挙げた高級車、高級マンションなどはステイタスを誇るシンボルにもなる。自己主張を示すシンボルとは、例えば自由な生き方を主張する人がラフな服装で通すなどがそれである。（2）には、他人と比較する心理が働き、見栄、虚栄や序列づけ心理が入り込んでいる。

以上、欲望の向かう方向を二つに分けて見てきた。もし、欲望が無限であり、欲望が上述のような方向に無限に拡大するとすれば、モノを売る企業も、国家の経済も無限に成長するだろう。また、欲望は経済を成長させ、社会を進歩させる原動力である。欲望の無いところに成長も進歩も無いだろう。

しかし、欲望の無限拡大に応じて成長を続ければどうなるか？（1）資源の枯渇、環境の汚染・破壊が進み地球がもたないであろう。（2）欲望の赴くまま消費し、他人と見栄・虚栄を張り合うのは、人間の幸福から見ていかがであろうか？　足るを知ること（知足）が幸福につながるという考えもある。（3）クルマにブレーキが不可欠なように、人間の欲望にもコントロールが欠かせない。欲望の赴くままに生きるよりも何らかの制約がある方がかえって満足できるのではないか？　苦があってこそ楽があるのと同じである。（4）消費を増やしていった時、最後の1単位から限界的に得られる満足は次第に減少するということ（限界効用逓減）は日常よく経験する。消費量を増やすほど比例的に満足も増えるわけではない。（5）物質主義に走って精神的豊かさを忘れるべきではない。

いま、欲望の無限拡大に関し考慮すべき点を五つ挙げたが、我々は単に欲望に応えるだけではなく、それを野放しにした時の弊害もよく考えるべきである。

34　いつまでもあくせく成長を追求するのはなぜか？

先進諸国では物質的にはすでに豊かな社会が実現しているが、依然として企業はあくせくとモノの生産販売に勤しみ、それをめぐる競争に生き残ろうと躍起になっている。それも自然環境の破壊・汚染や、種々の社会問題（過労死、心の病の増加、社会的絆の喪失、経済格差の拡大）を抱えながら、成長一点張り路線を続けようとしている。なぜなのか？原因はマクロとミクロに分かれる。マクロ的には、資本主義経済下では、モノをどんどん「売らねば」、そして売り込み競争に「勝たねば」生きてゆけないからである（本書『1　資本主義経済（自由経済）の核心と問題点』参照）。ミクロ的には人間性（人間の持つ欲望・欲求）が係わる。

ここでは人間性だけ取り上げてみたい。人間の欲望は無限だとよく言われる。欲望が無限だから豊かになってももっともっと欲しい、もっと贅沢なモノが欲しい、次々と新奇なモノが欲しいというわけで、そのための生産販売活動はいつまでもあくせくと続けられてゆく。私は欲望は無限だとは思わない（本書『33　欲望無限の仮定』参照）が、人間にはそうした面もあることは否めない。

人間は経済活動、消費生活を通じて様々な欲求を満足させる。経済活動は単に「生活に必要なモノをつくる」だけではない。経済活動を通じて成功をおさめ、カネ儲けをし、社会的地位を高め、権力を握り、名誉に浴したいという欲求を満たす。今述べたような欲求は消費生活においても現れる。消費者として、単に必要なモノが手に入ればそれで済むのではなく、他人より多くを欲しがり、よいモノを持ちたがる。持っているモノを見せびらかすし、社会的地位（ステイタス）を自慢できるようなモノをシンボルとして求める。このような欲求が経済活動、消費生活において満たされねばならないとすれば、物質的に豊かになっても、あくせくした日常は続き、落ち着いた生活は望めないだろう。

経済活動を通じて満たされる欲求は、上述のことで尽きるわけではない。人間には経営戦略の策定や、ライバルとの販売競争をゲームのように楽しみ、仕事を遊びのようにとらえることもある。また、あくせくすることに充実感を抱き、多忙を勲章にすることもある。他にすることが無ければ時間を持て余してしまい、退屈に耐えられずに仕事を創り出すこともある。こうしたことも、あくせくした日常が続く一因である。

組織風土について付け加えれば、わが国の場合、会社に遅くまで残り連日長時間労働することにプラス評価を与える風土が残っている。上司や同僚が残業していれば、自分だけ先に帰りにくいと言う雰囲気もある。これも、いつまでもゆとりのある生活に入れない原因だろう。

さて、いかがであろうか？　我々は、物質的には豊かになったのだから、次はもっと落ち着いたゆとりのある日常を送れるようになれないだろうか？

35　この矛盾的存在、人間

人間は、他者との関係の中で生きている。他者との関係軸には二つの方向があり、社会学では「結合と分離」と呼ばれている。結合とは例えば協力、一体化、利他的行為など、分離とは競争、争い、他者との比較意識などを指している。

人間は他者と結合しながら分離して、あるいは分離しながら結合して生きている。人間は他者との協力無しでは生きられないし、暖かい仲間意識にくるまれていたいとも思う。しかし、同時に他者と比較して差をつけたがるし、競争に勝って上に立ちたいとも思う。また、「かわいさ余って憎さ百倍」ということもあれば、「競争相手がいなければ、かえって寂しい」ということもある。このように、関係軸上で結合と分離は同時に存在している。結合、分離の同時存在という矛盾の中で人間は生きている。引きつけ合うかはじき合うか、いずれかの方向しか無い磁石同士の関係とは全く異なるのである。

人間はまた、時間軸上を過去から来て未来に向かい生きてゆく。人間は「死すべき存在」(Man is mortal) であり、与えられた時間は有限である。

時間は有限であるから、可能な限り時間を節約するとともに、有意義に楽しく使おうとする。しかし、「すること」が無くなれば退屈する。退屈すれば空いた時間の埋め草を創り出し、もったいないことに時間つぶしをする。時間は有限であるにもかかわらず、無為に過ごすこともあるのである。また、有限とは「いずれは死ぬ」ということを意味するが、そのことがわかっていても、知識を仕入れ、身体を鍛える。いかに知識があり身体を鍛えていても、やがては無に帰するにもかかわらず、知識の吸収、身体の鍛錬に苦労する。時間軸上、このような矛盾の中で人間は生きてゆくのである。

以上のように、人間は関係軸上においても時間軸上においても、矛盾をかかえて生きてゆく。まさに矛盾的存在である。しかし、日常は、その矛盾をそっと包み込んで、矛盾と折り合いをつけながら生きてゆく。矛盾と上手に共存してゆく。しかし、この生き方をしていれば、人間の心に重圧がかかり、不満が蓄積する。その不満、うっ憤はどこにはけ口を求めるだろうか？　どんちゃん騒ぎや祭りだろうか？

昔はハレとケの循環があった。ケ（日常）のうっ憤はハレ（非日常、祭り）で晴らし、ハレには晴れ着を着た。現代は、豊かになり毎日ハレのような贅沢をし、普段着と晴れ着の区別も薄れた。しかし、うっ憤は放置できない。それはどこへ向かうのか？　そのはけ口の一つとして「蕩尽」がある。日常生活での様々なモノの使い捨て、企業による設備や建物のあまりに早いスクラップ・アンド・ビルドを見ていると、「蕩尽」という言葉が浮かんでくる。だが、自然環境の保全、心の健康を考えれば、蕩尽にも節度が要請される。

36 ホモ・シンボリカス

人間を他の動物から隔てる最大のポイントは、シンボル（主に言葉）を自由に使いこなすことである。それゆえ、人間はホモ・シンボリカスだと言われる。人間は、言葉を駆使して文化を築き上げ長足の進歩を遂げてきた。言葉を持たず、もっぱら遺伝と本能に身をゆだねる動物は、文化を発達させることはなく、したがって進歩はなく、歴史をつむぐこともない。現代の猫は千年前の猫と変わらず、日本の猫とアメリカの猫との間に生活の違いは無いだろう。

文化の中で意味づけを取り上げると、人間は言葉を通じ、物事の意味・意義を考え物事に意味づけする。そして、意味づけの過程で他者と互いに交流しあう結果、意味づけは社会全体で次第に統合され体系化されて行動文化（価値、規範、制度など）が形成される。人間は主体的に意味づけをするが、いったん社会的に行動文化が定着すれば、行動文化に従って行動するようになる。

仕事のしかた・分業と意味づけについて見てみよう。人間社会では、勤勉に価値が置かれ、また、多忙が地位の高さのシンボルのようにみなされたりする。動物にも食糧探しや子育てのような仕事はあるが、勤勉や多忙に特別の意味を見出すことはないだろう。分業においても、人間社会では職業に価値づけがなされ、昔は貴賤の別さえあった。動物社会にも分業はあるが、例えば、ハチやアリの社会では肉体上の差異で分業が決まり（女王アリ、働きアリ、兵隊アリは体の構造が異なる）、人間社会のような職業への意味づけは無いだろう。

次に、競争と意味づけについて見てみる。人間は競争対象に意味づけする。そのため、多数の人が意味・価値を認める対象には誰もが殺到して稀少化するから、競争が熾烈になる。例えば、年収による序列に価値が置かれる社会では、それをめぐる経済競争が激しくなる。流行による価格騰貴も、何かを契機に世間で価値が認められた対象に大勢の人が殺到する結果だと言えよう。また、競争自体にも意味づけがなされる。現代は、競争は善で、競争勝者は偉いと意味づけされる競争社会であるため、競争は加速する。動物社会にも競争や序列はある。しかし、動物は対象（食物や異性）が物量的に少ない時に遺伝・本能に導かれて競争するだけで、そこに意味づけによる競争増幅は無いだろう。

人間は、言葉を自在に使いこなすようになってから、どうなっただろうか？　夏目漱石や老子のような皮肉な見方もある。漱石は、『自由という概念を知ってから、不自由を感じるようになった』と言い、老子は『人間が言葉により現実を区分するようになってから、対立や差別が激しくなった』と言う。人間は、シンボル（言葉）を発明して、物事に意味づけしたり概念を創造したりして大進歩を遂げた。しかし、それには「諸刃の剣」の一面もある点を忘れてはなるまい。

37 景気循環（常に好況を？）

景気はよい時もあれば悪い時もある。好況はいつまでも続かないが、不況がいつまでも続くこともない。昼と夜の循環と同様に、景気は循環するもので、経済学の教科書に在庫循環、設備投資循環などという説明がある通りである。

ところが、好況がいつまでも続くように求め、不況の局面に入ると大騒ぎする風潮が見られる。時の政権は、支持率が下がり選挙に負けることを恐れて、常に好況を保ち経済を成長させようとしている。もちろん、大恐慌（１９２９年米国発の恐慌）やデフレ・スパイラル（悪循環による深刻な不況）のような場合は、話は別である。強力な金融・財政政策が必要とされよう。しかし、通常の景気循環上の不況局面はやがて好況局面に転じるわけであり、さほど大騒ぎしなくてよい。

経済とは、我々の生活に必要なモノをちょうど必要とされるだけ供給することである。とすれば、様々なモノについて需要（Ｄ）と供給（Ｓ）がバランスすること、すなわちＤ＝Ｓになることが眼目となる。

好況はＤ＞Ｓの場合、不況はＤ＜Ｓの場合だと考えられる。Ｄ＞Ｓの場合は、モノが不足しているから、モノはよく売れ、価格は上がる。逆に、Ｄ＜Ｓの場合は、モノが過剰であるから、モノが売れず売れ残りが出て、価格は下がる。モノの売り手（企業）から見れば、Ｄ＞Ｓの状況が、モノがよく売れ価格が上がるから望ましい。しかし、社会全体から見れば、D＞Sになっても、逆にD＜Sになってもいずれも都合が悪い。
それなのに、政府、企業は、D＜Sの局面（デフレギャップ）だけを問題にし、需要（D）を創造して常にD＞Sにし、経済を成長させようとする。確かに、イノベーションを通じて成長させる余地はあるし、成長の必要な分野はある。しかし、環境破壊など成長の副作用にもっと配慮し、成長の中身をもっと精査する必要がある。成長は、国民にとって「真に必要なモノ」によって実現させなければならない。ムダな公共投資や、使い捨てをあおるような需要創造は止めるべきである。

政府が無理に好況を維持しようとしなくなれば、多少の好況、不況の波は避けられなくなるだろう。とすれば、好況の時に、不況局面に対する備えをしておく必要がある。企業の場合は、積立金、準備金が不時の備えとなるが、その中には「雇用確保積立金」というような積立金もあってよいように思う。将来の不況局面で人員整理しなくても済むように、好況局面で獲得した利益を積み立てておくのである。もちろん、個人のレベルでも好況時に浮かれていないで、貯えをしておくことは重要である。

38 構造不況、ワークシェアリング

不況時に重要なのは、経営不振企業や失業者の苦境にいかに対応するかである。不況が循環的なものなら景気の回復を待てばよいが、構造的な不況なら抜本的な対応を迫られる。構造的不況とは、その企業の属する産業・業種において今までの需要が半永久的に無くなるなどにより、経営が全く立ち行かなくなる状況を指すから、企業は他の成長産業に参入するか、新たに事業、産業を起こすかしなければならない。

他産業への参入や、新たな事業の立ち上げができない場合はどうか？　それは、その社会がすでに豊かでモノが満ちあふれていて、それ以上の経済成長も新たな産業も必要とされない状況にあることを意味する。その場合は、その時に社会にある仕事を社会全体で皆がワークシェアすればよい。それにより失業者は仕事につけるし、仕事を分け与えた方は労働時間が減る。結局、その時に存在する仕事をより多くの人でシェアすることになるから、皆が楽になり自由時間が増える。皆にとってありがたいことである。

ところが、現状ではワークシェアリングは進んでいない。しかし、昔の農業社会を思い浮かべてみれば、どうだろう。そこでは、人手の余った所から足りない所へヒトを回して上手に調整していた。これは今風に言えばワークシェアリングであり、そこには失業は無かったと思われる。

また、現代でも企業や行政機関など組織の中では、仕事の減った部署から忙しくなった部署へ人員異動するような調整は普通に行なわれている。これもワークシェアリングである。社会全体においても、同様のワークシェアリングができないはずはないと思う。

ここまでは、構造不況業種への対応のためのワークシェアリングについて述べたが、これはロボット化、ＡＩ（人工知能）化による失業者増加への対応においても当てはまる。ロボット化、ＡＩ化により仕事が減れば、残った仕事を皆でシェアするようにすればよい。それによって皆が楽になって、余暇が増え好きなように時間が使えるようになる。ロボット化、ＡＩ化により失業の増えることを心配する向きもあるが、ワークシェアが実現するなら、それはむしろ歓迎すべきことではないだろうか。

では、どうしてもワークシェアできず失業者が出た時はどうなるか？　現代は「豊かな社会」が実現し、生活必需品なら社会の全員を養うに足るだけのモノ（あるいは、それをつくる生産力）は充分にある。それを国家が生活困窮者に回すようにすれば、困窮者は出ないのである。ベーシック・インカムについても議論される昨今、国家による国民の生活保障はさらに強化されてよいと思う。

39　豊富の中の貧困、市場の限界

今日、先進諸国では「豊かな社会」が実現し、モノはあふれんばかりである。もちろん、経済には波（循環）があり不調（不況期）もあるが、それは農業社会（例えば江戸時代）の経済不調とは正反対である。自給自足が基調の農業社会では、豊作と不作の波が好況と不況の波と見てよいが、不作（不況期）においては、モノ（食料）が不足して苦しめられた。それに対して、現代の不況期にはモノが売れずにモノ余りになって苦しめられている。現代は、経済の波（循環）がどの局面にあっても、モノはあり余るほど豊かなのである。

それなのに、現代社会にも生活困窮者が存在する。まさに「豊富の中の貧困」だと言える。しかし、モノの生産力は充分あり、モノは豊かにあるなら、皆で適切に分配すれば生活困窮者は出ないはずである。また、２０２０年春以降のコロナ危機において外食、観光産業などは売上高激減により大打撃を受けているが、豊かな社会であれば、そこでの被害者に回せるだけの生活物資は充分にある。適切に必要なモノを回せば、困窮者は出ないはずだと思われる。

ところで、生産物（所得）の分配は、現代の資本主義経済の下では市場（自由な経済活動）を通じて行なわれるのが基本である。市場での経済活動を通じて、より多くモノを売って利益をあげた者がより多く分配されるという仕組みがそれである。だが、市場にだけまかせておけば、「豊富の中の貧困」は解消しない。

古い例だが、大恐慌期（1930年代）のペンシルベニア（アメリカ）の炭坑夫の話。石炭鉱山では不況で石炭が売れず炭坑夫に賃金が払えないため、炭坑夫は石炭の山を前にしながら、暖房用の石炭が買えずに冬空のもと寒さに震えていた。次いで現代の例。世界全体では全人口を養えるだけの食料があり、また、一部の国ではフードロス（Food Loss）が問題になるほど食料が余っているにもかかわらず、食料が買えずに飢餓に瀕している人が世界人口の10％弱もある。

このような「豊富の中の貧困」に類したことで、気になることとしてワーキングプア（Working Poor）の困窮がある。職に就いていながら生活保護所帯程度しか所得の無い人達の問題である。介護職に対する低待遇も同様の問題と考えられる。また、科学技術研究（特に基礎研究）における研究資金の不足も大いに気にかかる。科学技術はわが国にとって生命線となる重要領域であるのに。

モノであふれるほど豊かな社会が実現しているのに、なぜこのような問題が起こるのか？「豊富の中の貧困」に対処するためには、市場経済（自由経済）だけには任せておけない。市場では儲かるモノしか売られず、それはますます非必需品（不要不急のモノ）が中心になってきている。また、市場では強い者勝ちで、購買力の無い者は排除されるからである。従って、国家がそれ相応の役割を果たして、「豊富の中の貧困」を無くすようにしなければならない。

40　国家による生活保障

先進諸国では、充分な生産力があり物質的豊かさが実現されているから、所得や富の配分が適切になされていれば、どこにも困窮、不足が生じないはずである。しかし、現実には困窮、不足は存在する。これが「豊富の中の貧困」であり、それは市場（自由な経済活動）にまかせておくだけでは解消しない。そこで国家の出番となる。国家が関与して困窮、不足を解消し、全国民の生活を保障する役割を担うのである。そこでは、国家が資源配分、再配分に係わることになるが、次の諸点に留意すべきである。

①恣意的にならず、国民の間の公平性を保つこと。国家のリーダーによるお手盛りや私利私欲追求が論外なのは言うまでもないが、困窮、不足している所へ資源を配分するにあたり、国民の合意が不可欠となる。民意の汲みあげ、国民の目（チェック機構）によるチェックが欠かせない。

②国家財政の規律を守ること。野放図のバラまきは避けねばならない。

③私的所有権を侵害しないこと。困窮、不足している所へ回すために税金を徴収するとすれば、稼いだ所得の一部を再配分の原資として国家に取り上げられること（私的所有権の侵害）になるからである。再配分の必要性について国民の納得を得ておかねばならない。

国家による困窮者支援（資源再配分）は、直接的に行なうのが望ましい。２０２０年春以降のコロナ危機の場合、全国民一律に金銭を支給して消費を喚起するよりも、所得の激減した事業の従事者だけ「直接的に」支援する方がよかったと思う。これは、天災時の被災者に対する経済的救済と同様である。

ちなみに、不況対策として全体の総需要を増やすような対策がよくとられる。金利引き下げ、通貨増発、減税、公共投資などがそれだが、ここでも、不況による生活困窮者を「直接」支援する方がよいと思う。なぜなら、すでに豊かな社会が実現しているため、それ以上総需要を増やす必要はなく、また、総需要を増やして景気を刺激し、その効果が困窮者まで波及（Trickle Down）するのを待つよりも、「直接」支援する方が効果的だと思われるからである。

貨幣経済の今日、支援（再配分）は実物ではなく貨幣によって行なわれる。支援を増やせば、国家財政の赤字が増えると懸念する向きもあるが、国家には貨幣（通貨）の発行権があるため、赤字を埋めるために通貨を増発（追加発行）することができる。従って、先の懸念は当たらない。豊かな社会では、困窮者支援は充分に可能なのである。

この際もちろん、安易な通貨増発によって、国家財政をゆがめたり、強度のインフレを招いたりしてはならないことは当然である。

41　需給調整、流動性（モビリティ）

我々が生活していくには、必要なモノが必要とされるだけ供給されなければならない。それは、生活に必要とされるすべてのモノの需要と供給とがバランスすることで達成される。

需要（D）と供給（S）のバランス（需給調整）は、自由経済下では価格（P）の機能により可能となる。D＞Sなら、Pが上がり、Pが上がればSが増えDが減る結果、D＝Sとなるが、逆にD＜Sなら、逆の過程を経て、やはりD＝Sとなる。このように、D、S間にギャップができても価格の働きでD＝Sが達成されるというのが自由経済の基本である。しかし、価格の働きは万能ではなく、人の手による計画的な需給調整が必要になることもある。

モノを生産するのに必要な資源（労働力、原材料、諸設備など）についても、D＜Sの分野（産業、業種）からD＞Sの分野に移動させる必要がある。これが資源の流動性（モビリティ）であり、流動性が無ければ、我々の生活の必要に応えられない。D＞Sの分野は、価格（P）が上がり儲かる分野であるから、基本的には資源はそこに流れるはずである。

しかし、現実には困難がつきまとう。設備については、一旦設置すれば他の用途に転用したり、他所に移動したりすることは難しい。できるだけ汎用化したり、一部を替えるだけで他のモノが作れたり（多品種少量生産の可能な機械など）するようにする必要がある。労働力についても、他の産業や他の地域に移動することは難しい。職業訓練の充実、受入先での受け入れ準備が重要である。

労働力のモビリティについて、さらに重要なのは、働き方、処遇の仕方を改めることである。わが国の場合、自分ができる職務を分担するために組織（会社など）に入るのではなく、組織に入って命じられることは何でもするという働き方をしてきており、それが未だ残っている。賃金も職務に対して支払われず、勤続年数に比例する割合が未だ高い。モビリティを高めるには各人が専門領域を決めて職務（職種）を担うようにし、かつ賃金は職務に対して支払うようにする必要がある。それにより、どこの組織で働いても職務が同じなら賃金も同じになって、同一労働同一賃金が実現し、モビリティが高まるだろう。

労働力のモビリティが高まれば、D＞Sの産業や地域に労働力が流れて、社会全体でのワークシェアもしやすくなるだろう。また、企業から見れば、構造的にD＜Sになったり、機械化・ロボット化したりして労働力が余った時に、人員を減らすのが容易になるだろう。

モビリティの向上は、裏を返せば離職率の増加を意味するから、組織への帰属意識の低下や、企業文化の棄損が懸念されるが、それには別途対応すればよい。社会全体としては、需給のバランスをとることが経済の根本である。

42　儲かる時にｏｒ儲かるモノで儲けておくという調整

経済とは、人々が生活してゆくのに必要なモノを必要とされるだけ生産供給することである。必要なモノを必要とされるだけ供給するには、需要と供給の調整（需給調整）が必要となる。自由経済のもとでは、需給調整は、基本的には需給原理（価格メカニズム）によって自動的になされるとされている。しかし、ことはそれほど簡単ではない。需給原理の働きは不充分であり、人の手による計画的な調整も必要になる。政府、業界団体による調整や、企業間の話し合いによる調整がそれである。

個々の企業の観点から見れば、いかがであろうか？　社会的分業システムの中で自社が分担する分野において、需要（Ｄ）と供給（Ｓ）とがバランスしていれば、それで社会的分業システム上での役割は果たせているが、常にそれが実現するとは限らない。Ｄ＞Ｓになったり、Ｄ＜Ｓになったりすることもある。

ＤとＳがバランスしない時、それが短期的な景気変動によるものであれば、在庫をクッションにしたり、望外な利益があがった時に利益を積み立てておいたりすることにより調整できるだろう。一方、需給のアンバランスが構造的な原因による場合、それがＤ＞Ｓの状況ならば設備・建物や人員の増強が必要とされ、Ｄ＜Ｓの状況ならば他の事業への転換などが必要とされよう。

しかし、現実の企業の行動を見れば、調整は上記のことで尽きるわけではなく、さらに見落とせないことがある。それは、時間軸上では、『儲かる時に大きく儲けておいて』将来に備えるという調整行動であり、また空間軸上では、複数の製品、事業分野を手掛けている場合、『儲かる製品や事業分野で大きく儲けておいて』、他の分野を補てんするという調整行動である。

順に見てみよう。時間軸上の調整行動について。時間軸上、安定して利益があがるとは限らない。景気の変動、技術開発の進展、消費者嗜好の変化、ライバル企業の動向などにより、利益は絶えず影響される。そこで、『儲かる時に大きく儲けておこう』とする行動がとられる。しかし、それが過剰な宣伝広告により流行、ブームを創り出したり、使い捨てを招くような製品開発であったりすれば、資源環境問題などに悪影響を及ぼすだろう。

空間軸上の調整行動について。空間軸上、どの製品、どの事業でも同じように利益があがるとは限らない。製品、事業分野によって利益にバラツキが出るのが普通である。そこで、『儲かる製品、事業分野で大きく儲けておこう』とする行動がとられる。しかし、それが『数打てば当たる』とばかりに新製品をどんどん出して、そのうちどれか一つが大当たりすればよいといった行動になれば、資源浪費につながるだろう。

こうした調整行動においても、企業は良識、社会的責任が求められている。

43 権力、自由、秩序

権力と聞けば、眉をひそめる人が多いだろう。実際、権力にはマイナスのイメージがつきまとっている。政治の世界には権力による弾圧や強権的政治が見られ、ビジネスの世界でも部下や下請け企業に対して力ずくで言うことを聞かせることも皆無ではない。権力欲、権力闘争という聞きたくない言葉もある。

自由に何でもできることはすばらしいことである。経済活動が自由にでき、思ったことは自由に発言できることは何ものにも代えがたい。だが、万人が自由に行動しても、全体として秩序が保たれることは可能だろうか？　誰もが良識ある行動をとり、全体（公）のことに配慮し、利己的行動を控えるのならば、そして、人によって価値観や考え方に違いが無いならば、秩序の形成・維持は可能になるだろう。しかし、現実にはそうはいかない。

そこで、秩序を形成・維持するものが必要とされるのだが、その一つとして権力がある。権力以外には、

（1）まず伝統に根差した社会規範が考えられよう。例えば、儒教的伝統のある社会では、長幼の序といった秩序が見られる。

（2）また、経済の領域に限れば、需給原理による自動的調整が期待できるだろう。売り手も買い手も商品価格の変動を見て行動する結果、需要と供給が均衡して、自然に秩序が形成されるという期待である。

しかし、（1）伝統による秩序維持は、科学技術の進歩が著しい現代社会ではあまり期待できなくなっている。また、（2）需給原理による調整、秩序形成が期待できると言っても自ずから限界があり、経済事象についても権力（力という用語の方が適切だが）によって決まる部分が少なくない。例えば、売買価格にしてからが、需給だけでなく、売り手と買い手の力関係によって左右される。

したがって、権力ないしは力による調整、秩序形成は不可欠となる。組織（企業など）においても国家においても、全体をまとめ秩序を維持する力、そうした力を具現するリーダーが必要とされる。国際社会においても、紛争、戦争を避けるだけの強い力が必要である。世界政府が望めない現状では、その力を持つのは超大国なのかもしれない。

しかし、秩序形成・維持のために権力・力が必要だと言っても、冒頭で述べたような権力悪は避けねばならない。そのためには、まず権力者、リーダーに良識、善意を求めたい。具体的には、権力の維持にこだわったり、私腹を肥やしたりしないこと、公私のけじめをつけ、公を第一に考え、長期的視野を持つことである。次に、権力者、リーダーをチェックする仕組みを確立して、たえず目を光らせておく必要がある。昔、ホッブスが言ったように、羊の群れには「番犬」の存在が必要悪ではあるが、番犬の暴走暴挙は防がねばならない。

44　強いもの勝ち

この世の中は「強い者勝ち」だと思わされることがある。国際社会を見れば、覇権国は強い影響力を持ち、他国を従えている。経済界では、大企業は弱小の系列企業を支配している。個人間の関係を見ても、強い者は自らの意志を押しつけようとする。

強い者は、大きな力（パワー）を持っている。力（パワー）の源泉は様々であるが、企業の場合は資金や情報（特許など）が重要であろうし、国家であれば経済力だけでなく軍事力も含めねばなるまい。個人であれば、知力、体力、精神力がパワーの源泉だと見てよかろう。

強いものがパワーを行使して支配することには、抵抗感を感じる向きは多いだろう。しかし、パワーには重要な機能がある。パワーにより、利害が調整され、秩序がもたらされ、社会が統合される点がそれである。

経済の世界では、人々が必要とするモノを必要なだけ供給するという経済の機能は、需給原理により自動的に果たされると期待されている。需給原理（価格メカニズム）が働いて、様々なモノの需要と供給がバランスするからである。しかし、需給原理は決して万能ではなく（本書『4　神の見えざる手（需給原理）の問題点』参照）、需給原理だけにゆだねておくわけにはゆかない。パワーによる調整を待たねばならないこともある。早い話、モノの価格は需給だけでなく、取引する両者の力関係にも左右される。また、経済活動を調整したり推進したりするために、国家の力（権力）が必要とされることも少なくない。力（パワー）は、経済のようなすべて自由に営まれると見られる世界においても機能している。ましてや、経済以外の世界においては、と言うべきである。

人間社会の中の力（パワー）は、物理学における力とは異なる。後者の力は、一義的・決定論的である。それは、万有引力の法則やボイル＝シャルルの法則を思い浮かべればよくわかるであろう。これに対して、前者の力は、常に定型的に働くのではなく、力の行使において人間の意志が入り込む。すなわち、力の強い方は常に力を行使するとは限らない。また、力をどのように行使するかについても裁量の余地がある。

この相違は重要である。そこから、力の善用、ノブレスオブリージュ（Noblesse Oblige）、権力責任均衡といった考えが出てくる。これらは、力を持つ者は、それに見合う責任を負うとともに、力を社会のために善用すべきだという見方である。力の濫用を避けるには、チェック機構の整備や、対抗力（ガルブレイスが提唱）の育成も重要だが、その前に、力のある者が力を善用しようとする意志を持つことが重要である。

45　人間社会を秩序づけ動かすもの

人間社会において、社会の仕組みは何により決められ、社会は何により動くのであろうか？　①社会法則、②力（パワー）、③価値観等の三つが重要である。

①社会法則

最も重要なのは「需給原理」である。それによって様々なモノの需要と供給が調整されて、人々が生活に必要とするモノが必要な量だけ供給される。ただし、需給原理は物理法則とは性格を異にする。物理法則は人間の意志にかかわらず働くが、需給原理はそうではない。それを使わないでおくこともできる。現に計画経済では、需給原理にゆだねないで計画的にモノの供給量が決められる。

需給原理は、産業革命以降とくに自由放任思想が生まれてから注目されるようになり、経済学の中心テーマになったが、モノの需給状況が重要なことは、人間の歴史が始まって以来変わることは無い。先に、計画経済に触れたが、そこでも需給状況を無視できないことは当然である。

社会法則として重要なものとして、もう一つ「大数の法則」を挙げておく。これにより保険制度が可能になり、またマクロ経済学（消費関数論など）が成立する。保険は、現代社会を維持する上で欠かすことができない仕組みである。

②力（パワー）

パワーは、個人なら知力、体力、精神力によりもたらされ、企業ならヒト、モノ、カネ、情報という経営資源によりもたらされると見てよい。国家なら、経済力だけでなく軍事力ものを言うだろう。パワーの分布は不均等であり、格差が生まれる。大きなパワーを持つ強い個体は支配する側に立つことが多い。経済の世界では需給原理が重視されるが、モノの価格にしても需給だけでなくパワーにより左右される点を見逃すべきではない。

パワーは提携や組織によって増強できる。組織の内部では成員に役割（例えば営業、製造や、部長、係長など）が与えられ、役割には権限が付随しているが、この権限もパワーの源泉として重要である。

③価値観等

価値観等は一言で表す言葉が無い。具体的にはA：価値観、善悪観、正義観、公正観、衡平観などの倫理的規準、B：社会通念、世論、常識、ものの見方、場の雰囲気、世間相場などの世間的規準、C：歴史、経緯、伝統、慣習、しきたりなどの歴史的規準、D：世界観、人間観、企業観などのように特定対象を見る時の基準、E：宗教、神話などの宗教的規準、などを指す。

①、②は動物の社会においても働いているが、③は人間社会に特有のものである。動物の行動はほとんど遺伝・本能によって決められるが、人間はホモシンボリカスとして言語を持ち、物事に意味づけする存在だからである。

46 生産性とは何か?

生産性の向上を、という声はよく聞くが、そこでの生産性は何を指しているのだろうか? どうも生産性の意味があいまいなままのように感じる。生産性という時、すぐに思い浮かぶのは、

生産高/労働者数……①

で測ることである。これは1人あたり生産高であり、労働者が能力を高めて能率を上げ勤勉に働くほど向上する。しかし、労働者は機械や道具を使っているから、生産性向上には機械化や、機械・道具の性能向上によるものも含む。最近は、機械化(ロボット化、AI化も含めて)が進んでいるから、生産性向上は機械化によるところが大きい。人海戦術の時代には労働者を分母にした生産性を議論することは当を得ていたが、昨今では機械を分母にする方が妥当性を持つ。

そうであれば、生産性向上は、労働者の能力やモチベーションの向上だけでなく、いかに機械を使うか、場合によってはいかに省力化するかという問題になる。また、そうなった場合、労働者の側から見れば、機械化、AI化、省力化により雇用の場がいかに確保できるかが課題となるだろう

問題は、①式の分子にもある。まず、生産高は数量(生産量)なのか金額(生産額)なのか? 金額の場合をとりあげて、仮に作っただけ売れるとすると、生産額=売上額とな

る。そして、売上額＝売上量×単価であるから、生産性を上げるために、分子を大きくするには、売上量を増やし、単価が上がるようにすればよいことになる。売上量増加に向けては、営業活動や宣伝広告の強化がはかられ、単価（価格）上昇においては、高付加価値化が進められるほか、需給関係の好転（時にはバブル）による思わぬ上昇もあるかもしれない。ここで、営業活動（売り込み）や宣伝広告において行き過ぎがあったり、高付加価値化が無内容なものであったり富裕層ビジネスに偏ったりすれば、問題であろう。

このように、①式を分母と分子とに分けて見てみれば、そこには様々な要素、問題が含まれているが、経営の側からは、生産性の向上とは、いかに分子を大きくし、いかに分母を小さくするかという問題に帰着する。分子においては、販売促進活動によりいかに売上額を増やすか、分母においては、いかに効率よく機械化するかが課題となる。効率のよい機械化とは、機械化への投資の効率化である。とすれば、次式のような指標が経営にとっての問題になるだろう。

売上額／機械化投資額……②

生産性の議論をするには、分母、分子の中身として何を考えているのか、また、数量での生産性か、金額での生産性かを明らかにし、焦点を絞って議論することが重要である。と同時に、雇用の確保や過度な営業など、それにまつわる様々な問題もあわせて議論する必要がある。

47　中小企業の意味、格差是正

中小企業は、法令によれば、資本金や従業員数を指標とする経営規模によって定義されている。しかし、経営規模だけを見て中小企業を十把ひとからげに議論しても始まらない。事業の特性によっては、中小企業の規模が適正（あるいは最適）の場合もある。研究開発型のヴェンチャービジネスや、市場規模の小さい事業・製品分野（ロットがまとまらない分野）、さらには小回りの重視される事業分野はそれに当たるだろう。一方、現時点では中小規模であっても大企業への発展途上の場合もある。パナソニックやソニーも初めは中小企業であった。ここまでは規模の適正性の観点から中小企業を見たのだが、以下、これらの中小企業は除いて中小企業を考えてみたい。

では、中小企業という時、何を対象にするのか？　対象としては、大手製造業の下請けをしている中小製造業や、大手流通チェーン（スーパー、コンビニなど）の進出により苦境に立つ地元の商店が思い浮かぶ。また、大企業から分社された中小企業も対象にしてよい。分社には、将来の飛躍をめざしたヴェンチャービジネスもあるが、人件費などコスト削減を意識したものもあり、後者がここでの対象となる。

このような中小企業では、大手製造業や大手流通チェーンの傘下に組み込まれて経営は安定するものの、支配従属関係ができる。また、二重構造論において取り上げられるように、従業員の処遇には、大企業や行政機関との間に大きな格差がある。現在よく話題になる正規従業員と非正規従業員との格差の問題も、同種の問題と考えてよい。

支配従属関係に対しても、処遇格差に対しても、政府は対処しているが、いまだ不充分である。ここでは、よく弱者の保護と言われるが、保護と言うよりも、社会の歪みの是正と言う方が適切だと思う。従属的地位や低処遇に甘んじるのは、本人の能力、努力のせいもあるが、社会のしくみ、制度、価値観、歴史によるところもあるからである。それを、弱者保護と言われれば、自尊心が傷つけられることになるだろう。

中小企業と言えば、ヒトがなかなか集まらず、定着率が低いと言われることがある。しかし、それは、処遇が低いことに大きな原因があり、上述の格差是正が避けられないことになるだろう。大企業・行政機関と中小企業との間の格差是正は、正規従業員と非正規従業員とのあいだの格差是正と並んで大きな課題である。

もう一つ、中小企業においては、経営が厳しくて社会的責任・経営倫理どころではないと言われることがある。しかし、社会的責任の問題、例えば環境規制や安全規制をしっかりと順守するということは、企業の規模とは関係が無い。順守するのは、すべての企業にとっての義務である。

48　モノ（商品）の独立性（福袋の中身は？）

人々が生活に必要とするモノ（商品）を供給することが経済だと考えられるが、必要なモノとその売り手（企業）との関係はどのようになっているだろうか？　必要なモノと売り手の企業とは常に1対1で対応しているわけではない。まず、あるモノ（商品）を売る企業が複数ある場合があり、そこでは企業間で競争が起こる。逆に、企業が複数のモノ（商品）や事業を手掛ける場合もある。ここで取り上げたいのは後者であるが、そこではそれぞれのモノに独立性が無い。

企業が複数の商品、事業を手掛ける場合は、それら商品、事業を関連付けて全体として最適化できるように戦略をたてる。商品・事業間のシナジー効果（相乗効果）が得られるようにするのも一つである。また、製品本体と関連製品との関連を考えながら販売政策をたてることもある。例えば、プリンターと印刷インク、コンピューターと周辺機器類、カミソリと替え刃などにそれが見られる。そこでは、本体を安く売っても、消費者を囲い込んでしまえば後から関連製品によって利益をあげることができる。

抱き合わせ販売、セット販売、おとり商品、福袋も類例であり、内部補助も同様に考えてよい。これらにおいても、全体としての最適化がはかられているからである。ちなみに、内部補助とは、赤字だが継続させたい（あるいは将来発展の見込みがある）分野に対して、企業内部で余剰資金をつぎ込むことを指す。

以上のような場合、各製品、各分野には独立性が認められない。そのため、必要な様々なモノを必要とされるだけ供給するという経済の根本機能がゆがめられる恐れが出る。ここで経済の機能と言う時には、モノは独立性を持つと前提されているからである。しかも、どこまでを関連付けて一連のモノとして戦略をたてるかは、企業の裁量にかかっており、基本的には公的な配慮が入ることは無い。そこにも、経済の基本機能の完遂から見て問題がある。

また、本体と関連製品、抱き合わせ販売、内部補助などにおいて、競争法（独禁法）上問題になることもあるのはもちろんである。不当廉売で競争者を排除したとか、抱き合わせ販売で不要品の購入を強要したとかとみなされる場合がそれである。

以上、挙げてきた諸例はおおむね空間軸上で捉えられるが、時間軸上で捉えられる事例もある。大幅赤字覚悟で入札に応募し、採用されれば、後日赤字を取り戻せるという戦術や、赤字承知で安値攻勢をかけ、ライバルを蹴落とせば、その後大きな利益が得られるという戦術がそれである。これらでは、同じモノが異なる時点で全くかけ離れた価格で提供されており、しかも価格は需給ともコストとも無関係である。それは、競争法上問題にされることもあるが、基本的には市場を歪め、経済の機能を損ねる行動だと言えよう。

49　均衡とその問題点（水膨れ均衡、恐怖の均衡）

均衡とはつり合い、バランスのことだが、それには（1）モノやコトの均衡と、（2）主体（ヒトや組織）の間の均衡とがある。

（1）モノやコトの均衡

需要と供給の均衡、収入と支出の均衡、精神面と肉体面の均衡などが例示できる。需要と供給の均衡について見てみると、金額ベースでの均衡と物量ベースでの均衡に分けられる。金額ベースで考えられることが多いが、天災など緊急時には物量ベースが問題になる。被災地救済においては、＊＊が何個、##が何トン必要だといったように物量が重要である。

一般的には均衡することは望ましい。需要＝供給となれば、一応は需要されるだけ供給されていると見られるからである。しかし、企業から見れば、需要＞供給の方が望ましい。そのため、企業は需要創造に努力する。

（2）主体（ヒトや組織）の間の均衡

企業間の相互需要創造、国家間の勢力均衡などが例示できる。企業間の均衡について見てみる。企業はお互いに需要創造し合うと均衡する。経済の場（市場）ではモノを売らなければ存続できないから、誰もがモノを売ろうとするが、モノを売る（つまり誰かに買ってもらう）には、その誰かに購買力が無ければならず、そのためにはその誰かからも買わなければならない。それによって経済は回るのだが、モノを多く売るために誰かが需要創造すれば、他のヒトも需要創造して売上を増やさねばならなくなる。そうしなければ購買力が不足して誰かが需要創造したモノを買えなくなるからである。このように誰もが需要創造するのが「相互需要創造」であり、それにより経済は均衡に向かう。

誰もがお互いに高付加価値化する場合や、お互いに宣伝広告費支出を増やす場合にも、相互需要創造と同様に均衡する。相互需要創造や相互高付加価値化が行なわれて均衡した時は、均衡水準が上がって拡大均衡となり、経済成長が実現する。

拡大均衡（経済成長）は、よいことばかりではない。中身をよく調べる必要がある。需要創造の内容が使い捨て品や不要不急品であったり、相互需要創造が過剰な宣伝広告合戦による結果であったりすれば問題であろう。また、高付加価値化が単に物珍しさやネーミングの面白さだけといった無内容なものであれば、それも問題であろう。

お互いが宣伝広告費を増やすことにより均衡に達するが、こうした宣伝広告合戦は行き過ぎれば「悪しき均衡」となる。国家間の軍備拡張競争による「恐怖の均衡」と同様の構図だと言えよう。

50 「豊かな社会」と個人の満足

わが国では、経済の高度成長の結果、国民の生活水準は飛躍的に向上し「豊かな社会」が実現した。家の中は様々なモノで満ちあふれ、グルメやファッションや旅行を楽しむようになり、大学への進学率も大幅に上昇した。と言っても、これは平均的に見たときの話で、現実には貧困もあれば、経済的格差もある。これらに対しては、福祉政策や所得再分配政策を充実させる必要があるだろう。

ここでは、平均的な人にとってはどうなのかを考えてみたい。平均的な人にとっては「豊かな社会」が実現したと言ってよいが、人々は現状に満足しているだろうか？　人間の欲望には限りが無いとよく言われる。次々と欲しいモノが出てくるし、いつも新奇なモノを求めている。この点から言えば、豊かさの実現は実感できず、なかなか満足できないでいるだろう。

無限とも言える人間の欲望は、社会発展の原動力である。現に、この欲望に引っ張られて、人間社会はここまで発展してきた。しかし、自然環境や天然資源の制約が強まっている今日、欲望を満たすのは制約の範囲内にとどめる必要がある。また、欲望のままに行動して果たして真に幸福になれるかどうかも考えてみなければならない。『足るを知る（知足）』方が幸福につながるとも考えられる。

企業活動と個人の満足との関連についてはどうだろうか？　確かに企業によって様々なモノが豊富に提供されるようになった。だが、ピッタリと我々の必要が満たされているかと言えば、そうとも言えない。当然のことながら、企業は儲かることしかしないからである。需要のまとまらないモノや、付加価値の付けられないモノは儲からないから、企業は提供することを渋る。

私個人の経験で恐縮だが、「需要のまとまらないモノ」については、例えば需要の少ない専門書が書店の書棚からほとんど姿を消し、よく売れる一般書ばかりが並ぶようになった。また、インドりんごや香りの強いトマトは私の好物だったのだが、さっぱり見かけなくなった。それらはクセが強すぎて需要がまとまらないからだろう。「付加価値の付けられないモノ」については、私はシンプルライフを心掛けているが、シンプルな電気製品など付加価値の付かないモノはなかなか見つからず困っている。また、夏になるとシンプルなみぞれ氷がなつかしいのだが、今では高付加価値のフラッペにとって代わられた。

以上、人間の欲望は無限だと言われるが、「足るを知る（知足）」方が幸福になれる、また、企業は儲かることしかしないから、個人の必要に応えていない、と述べた。だが、これは「物質的豊かさ」に限定した話である。「非物質的豊かさ」まで含めて個人の満足を考えれば、あくせくしなくてよい日常、社会の絆、美しい街並み、汚染されていない自然環境などなど、望めばいくらでもある。

51 「豊かな社会」のパラドックス

わが国では物質的には豊かさが享受されており、それに対する企業の貢献は非常に大きい。だが、企業活動の特性から見て次の2点は注意すべきである。
（1）企業は、儲かることを、儲かるようなやり方でしかしない。
（2）企業にとって、豊かさの実現は歓迎できないかもしれない。

まず、（1）について。企業は、需要のまとまらないモノ、付加価値の付かないモノ、流行を創り出せないモノは供給したがらない。儲からないからである。しかし、例えば、左手用の用品や特大サイズの衣服は需要が少なくても欠かせないし、内容のかたい本も売れなくとも文化発展には必要だろう。また、シンプルなモノは機能が絞られているため付加価値を付けられないが、資源浪費を避け自然環境を保護するためには重要である。

以上は必要なのに供給されない場合だが、逆に、必要をさほど感じていないのに企業に買わされることもある。巧みな宣伝広告にのせられたり、使い捨てをあおられたり、衝動的消費や、横並び消費（他人が買うから自分も買う消費）に誘い込まれたりする場合がそれである。

また、我々の生活様式は企業により決められる傾向がある。例えば、現代社会は自動車社会になっており、自転車は片隅に追いやられている。自転車専用道が整備されていないわが国では、自然にやさしいバイコロジーを選ぼうとしてもかなり難しい。また、何かにつけ修繕するより買い換える方が安くつく経済システムが根付いており、これはますます使い捨てを進め資源浪費・環境破壊を招いている。消費者のサイドで環境に配慮した生活様式を選ぼうとしても困難なのである。

次に、(2)について。企業にとっては、豊かさが実現されれば不都合なのではないか？　モノが満ちあふれてしまえば、それ以上モノは売れなくなるからである。そこで、宣伝広告や流行創出により消費者の欲望を刺激し、モデルチェンジや耐用年数短縮（長持ちしないモノをつくること）により需要を創造する。

いつまでたってもモノで満ち足りた状態には到達せず、常に豊かさをめざして成長する状態が企業にとっては好都合である。成長を続けなければ、企業はもたないと認識されているかのようである。しかし、豊かさの実現が目標であるはずの企業にとって、豊かさの実現が不都合だというのは、なんとも皮肉なことではないか。「豊かな社会」のパラドックスと言えるかもしれない。

もっとも、科学技術の進歩や創意工夫の発揮により、新しいモノを生み出すことは大切である。それにより豊かさはさらに増し、成長を続けることができる。だが、成長は、過剰に宣伝広告したり使い捨てをあおったりすることではなくて、真に人々の必要に応えるモノによってでなければならない。

52 「豊かな社会」と国家の役割

現在、物質的には「豊かな社会」が実現しているのは確かである。実に多様なモノが潤沢に供給されており、家の中はモノで満ちあふれ（ストックの面）、様々なモノをぜいたくに使い捨てしている（フローの面）。

しかし、快適なマンションに住み、高性能のクルマに乗り、便利な情報機器を使いこなし、ファッション、グルメ、旅行などを楽しんでいる一方では、自然環境の汚染破壊問題は解消せず、インフラストラクチャー（道路、橋など）の更新補修や地震・風水害への対策は不安を抱えたままである。高齢者介護や児童保育の分野も遅れがちで、文化財の修復保存や街並みの美化維持も心もとない。将来の発展を支える科学技術、特に基礎研究への投資も不充分である。

これら不充分な分野はおおむね「公共財」と言われて、国家が担う仕事であるが、民間企業が担うべき「私的財」の分野においても、足りないところがある。それは、企業が市場の「いいとこ取り」だけして儲かることとしかしないために生じる。儲からない私的財とは、例えば需要のまとまらないモノや、付加価値のつけにくいモノがそれに当たる。それらの中で社会的必要性の強いモノについては、公共財と同様に、国家が関与する必要がある。

極端な例だが、毒蛇の血清や稀少疾病の治療薬は、需要がまとまらないからと言って供給しないで済ますことはできない。また、不可欠な機能だけに絞ったシンプルライフ用のモノは、環境保護を考慮すれば、付加価値を付けられないからと言って供給を渋ることはできない。こうした分野には国家が関与せねばならないだろう。国家が関与するというのは、国民の皆が税金という形でおカネを出し合って、必要なモノが供給されるようにすることである。それには、国民的な合意が要請されることは言うまでもない。

以上、公共財と私的財に分けて、現代の「豊かな社会」に欠けている点を指摘したのだが、それは「物質的豊かさ」に関してである。しかし、「豊かな社会」の今後を考える時、「非物質的な豊かさ」も重要である。

非物質的豊かさは精神的豊かさと言い換えることもできるが、それには生きがい、時間的ゆとり、人との交流、社会的絆などとともに、文化活動から得られる満足や、美しい自然、整備された街並みの満喫などが含まれている。さらに言えば、あくせくせず競争に追い立てられない日常も考えられてよいのではないか？　現代社会は自由な社会だと言われるが、そこには「競争の自由」はあっても、「競争しない自由」は無い。競争は効率向上など大きなメリットを持つが、行き過ぎれば社会がギスギスしたものとなり、互いの絆も失われる。心の病気も増加し、経済格差も拡大する。こうしたことまで含めて「豊かな社会」の今後の議論を深めていけばよいのではなかろうか。

53　基本的必要（必需）を超えて

貧しい時代には、我々はまず衣食住を中心に基本的必要を満たそうとする。寒さを防ぐ衣服、飢えを防ぐ食べ物、雨風を防ぐ住まいといった生活必需物資の確保がそれである。ところが、経済が豊かになるにつれ、それだけでは飽き足りなくなり、ファッション、グルメ、海外旅行などを楽しむようになる。

消費生活論では、現代の消費の傾向を高級化、個性化、感性化、シンボル化として捉えている。高級化は、贅沢な品、品質・デザインのよい品、ブランド品を求める傾向であり、個性化は、画一的な量産品には満足せず、個性的な自分だけの品を求める傾向を指す。個性化に対応して、企業は、細かく差異をつけた製品の品ぞろえ（製品の差異化）に努めている。感性化は、何を買うかの選択が感覚的になる傾向である。そこでは感性やイメージが購買の決め手になるため、企業にとっては何が売れるか予測しがたく経営のリスクが増している。

シンボル化は、モノやサービスを機能ではなくシンボルとして消費する傾向を指す。例えば、衣服は寒さを防ぐという機能を持っているが、職業や信条を示すシンボルにもなる。銀行員の堅苦しい服装は銀行員という職業を示すシンボルであり、ラフな服装は自由な生き方を旨とする人のシンボルだと考えられる。クルマは人や物を運ぶという機能を持っているが、高級車になれば、クルマの所有者のステイタスを表すシンボルとしての意味合いが濃くなる。

　ところで、基本的必要を満たすモノは必需品であり、高級化、個性化、感性化、シンボル化として捉えられるモノは概ね非必需品だと言える。非必需品の特徴を挙げると、①必需品なら一定量がコンスタントに消費されるが、非必需品の需要は不安定である。消費者は飽きやすく流行の移り変わりは激しい。また、消費者は感覚的になり、他人に付和雷同する傾向があるため、変化の方向が予測しにくい。②必需品に比べ、非必需品は価格弾力性が大きい。つまり、消費者は価格に敏感に反応する。③必需品と非必需品は、量と質で捉え直せる。必需品は物量で考えられ、衣服が何着、食料が何トン必要かといった量が重要である。一方、非必需品は質的にどれだけ価値を持つか、つまり、高級化・個性化・感性化・シンボル化という質をどれだけ高めるかが重要になる。

　企業の対応を考えれば、①、②により経営のリスクが増したことに対しては、ＩＣＴを駆使して受注生産的なワン・トゥ・ワン・マーケティングを行なうとともに、資金調達においては銀行借入ではなく、株式発行などリスクマネーを利用するようになった。また、③においては、高級化・個性化・感性化・シンボル化に応じて高付加価値化をはかるように努めている。

　以上のような変化の中で、地球環境の破壊を避けつつ、人間の幸福を実現するために「真に必要な」モノは何かを、たえず意識する必要があると思う。

54　豊かさと非必需品（こんなモノは要るか？）

豊かさとは、非必需品（無くて済むモノ）の割合が増えることである。それは、必需的な衣食住や教育・介護などを超える部分で、例えば、高機能の電気機器、情報機器、高級車、グルメ、ファッション、各種エンターテインメント、海外旅行などを楽しむことが挙げられるだろう。それは、奢侈と言われるかもしれないが、生活にゆとりと潤い、さらには文化の香りを与えるモノとして豊かな生活には欠かせない。

しかし、それらの中には『こんなモノが要るのか？』というようなものもある。個人的には、電気機器、情報機器には過剰機能のモノが少なくないと思う。また、家庭電器については、1950年代後半に三種の神器（冷蔵庫、洗濯機、テレビ）が出た頃は感激したが、それ以降はそれほどでもない。最近は、ICT（IoTやAIなど）による住宅のスマート化、家事の自動化が進められているが、便利になり過ぎるのは考えもので、人間にもすることを残しておくべきだろう。また、グルメやファッションは豊かさのあかしであるが、食べ残し（食品ロス）や使い捨て（ファッション品の過剰な流行創造）はいただけない。

と言っても、企業は何でも売らなければ生存できない。そこで、新製品の開発と売り込みに努めるのだが、最近は、気まぐれで移ろいやすい非必需品の需要に対応しなければならなくなっている。そうした中で、売り込みに際してビッグデータ分析や広告への注力が目立つ。ビッグデータ分析は消費のビッグデータをＡＩで分析するのだが、私個人としては、個人情報をのぞかれ、必要を感じていないモノまで勧められることに抵抗を感じるし、何だか魚群探知機による一網打尽の漁業を連想してしまう。広告費は電通調べによると、２０１９年（暦年）には約７兆円の巨額に達している。客観的な商品情報の提供は必要だが、売り込みのための広告は行き過ぎるべきでないと思う。

タイム誌は、50年も前に、生活に必要なモノ（必需品）だけなら人口の５％で生産できるという記事を載せた。それが正しいなら、人口の大部分は非必需品の生産に携わっていることになる。それらは必需ではないと言っても、経済システムに組み込まれている以上、それらが売れなければ経済は回ってゆかない。だが、それらの中で『こんなモノが要るのか？』という疑問符の付くモノは、消費者が良識をもって識別し、次第に減らしてゆくべきだろう。

非必需品の分野は、豊かな先進国にあっては、好奇心、功名心を満たす新天地であり、経済的成功をめざし、地位、権力を獲得するための舞台となり、貧富の格差拡大にも影響する。また、新天地を開く気風は「新取の気性」としてもてはやされる傾向があるが、それには行き過ぎ、副作用は無いかどうか、そして真に人間社会を豊かにするものかどうか、よく見極める必要がある。

55 非必需品の諸特性

必需品と非必需品に分ける時、衣食住にわたる基本的物資、電気や水道などのライフラインは必需品、娯楽や外食、観光などは非必需品と見られるのが普通である。しかし、衣食住についても高級化したりシンボル化したりしたものは非必需部分を含む。例えば、高級ファッション衣料、グルメ料理、ステイタスシンボルとしての大邸宅などはその例である。必需部分だけの衣食住物資は、生存を保証する機能だけを備えたシンプルな物資である。衣なら寒さをしのぐだけ、食なら生きるのに必須の栄養分を含むだけ、住なら雨露を防ぐだけの物資がそれにあたる。このように見てみれば、必需品と非必需品は截然と分けるには無理がある。多かれ少なかれ大半のモノには非必需部分が含まれている。

非必需品は不要不急品と言われることもある。しかし、非必需品は不急であっても、不要であることはない。それは生活にゆとり、潤いを与え、文化水準の高さを示すものである。中には奢侈に走ったモノや、こんなモノが要るのかと思わせるモノ（例えば過剰機能）もあるが、全体としては社会の豊かさの表れこそ非必需品の多さだと言えよう。

以下、①必需部分だけのシンプルな衣食住物資、電気、水道、交通、通信・情報などライフライン・サービスと、②非必需部分を含む衣食住物資、通信・情報サービス、および、娯楽、エンターテインメント、外食、観光など非必需サービスとに分けて、①と②を比較してみよう。

（1）①においては、要求される機能が備わっているか、すなわち使用価値があるか、そして必要なだけの物量が生産されるかが問題となる。②においては、高級感やシンボル性があるか、ゆとりや遊びや贅沢を味わえるか、文化の香りがするかが問われる。高価なモノほど価値が認められることもあり、単なる機能だけの使用価値より、いくらで売られているかという交換価値が問題となる。

（2）①は、生存に不可欠のモノであるから、一定量（例えば食料なら胃袋一杯まで）は必ず売れる。従って、宣伝広告をする必要はない。②は、ゆとりの部分であり、買い手の嗜好も移ろいやすく、売れるかどうかわからない。そこで宣伝広告が重要になる。

（3）①は、価格の変動にかかわらず売れる量はほぼ一定している、すなわち価格弾力性は小さいが、②の需要は価格変動に敏感である。上記（2）と合わせて考えると、①の販売が安定しているのに対して、②の販売は不安定で、ギャンブル的である。

（4）①は、機能だけのモノだが、②は高品質、高度機能、シンボル性、文化性などが加わり、高付加価値化されている。従って、企業には妙味があり、利益獲得競争の舞台となる。

56　ビジネス戦争とチャトランガ

インドに、チェスや将棋の原型と考えられる、「チャトランガ」というゲームがある。この「チャトランガ」は、戦争好きの王様のもとを訪れた賢者が王様に教えたことから始まったそうだが、王様は、ゲームの魅力のとりこになってすっかりのめり込むはめになり、ついには戦争をすることを忘れてしまって、その後平和が続いたと言い伝えられている。

今なお戦争やテロが絶えることの無い現代、チャトランガの話は教訓的だが、ここでは経済の世界におけるビジネス戦争を考えてみよう。企業間競争は熾烈で、ビジネス戦争と言ってよいくらいだ。現に経営戦略、商戦たけなわ、宣伝合戦、店舗前線のように軍事からの借用語がよく用いられる。競争は効率向上など大きな利点も持っているが、しばしば「悪い競争」に陥る。「悪い競争」とは、勝つためには手段を選ばない競争、足を引っ張り合って共倒れになる競争、使い捨てをあおって環境破壊をもたらす製品開発・販売競争のことである。

ところで、経済の目的は『生活に必要なモノを人々に供給し社会に寄与すること』だが、経済の場ではそれだけでなく、事業・仕事での成功によりカネ持ちになったり、社会的地位を高め、権力を握ったりすることが目的になる。しかも、カネは地位や権力を、逆に地位や権力はカネをもたらす。そして、カネ、地位、権力は、人を「序列づけ」する基になる。そのため、そうしたものをめぐる競争はますます熾烈を極め、ビジネス戦争と言われるようになる。

そこで、弊害の多いビジネス戦争を避けるためにチャトランガのようなゲームは利用できないだろうか？　例えば、会社の研修で使うような紙上ビジネスゲームはどうか？

これには、経済のような人間の生存・幸福に係わる重要分野では、そこでの競争結果（業績）による「序列づけ」が当然で、ゲームごときにまかせられない、という反論が直ちになされそうである。だが、ビジネス戦争での勝者は果たして真に社会的貢献をしているのか、自らの序列を上げることだけに腐心しているのではないか、という疑問が起こってくる。

また、今後は科学技術（ICT、AI、ロボットなど）の進歩により、経済の仕事は機械がやってくれるようになるかもしれない。そうなれば、経済の場は重要性を減じ、そこで「序列づけ」する意味は薄らぐだろう。

しかし、カネにはパワーがある。そのため、経済の場でカネを追求する人は無くならないかもしれず、その場合は上述のビジネスゲームは役に立たない。冒頭のチャトランガの話で、チャトランガにのめりこんでくれず、武力を使おうとする王様がどこかに残っていれば、平和が築けないのと同様である。

結局は、戦争のような馬鹿げたことはやめよう、弊害の多いビジネス戦争（「悪い競争」）はやめようという気運の盛り上がりを待つほかないのだろうか？

57　拝金主義

企業の目的は、人々が必要とするモノを供給することである。赤字になってはならないが、利益追求が目的ではないと思う。このように言えば、山ほど反論されるか、あるいは無視されるのではなかろうか。

では、なぜ利益追求にこだわり、拝金主義に陥るのか？　二つ考えられる。
（1）やはりカネの力が絶大だからだろう。カネが無ければ生活できない。カネがあれば何でも好きなモノが手に入る。地位や権力さえも買えることがある。
（2）利益追求の競争では、勝者に一人占めされてしまう恐れがあるからだろう。生活さえできればよいと思っていても、分野によっては勝者に総取りされるような構造になっていて、競争に対する甘さが許されないこともある。

上の二つを順に見てゆこう。まず、（1）カネの力について。カネの力が大きいことは間違いないが、カネで買えないモノもあれば、カネで動かないヒトもいる。カネだけが人生ではない。カネよりも面白いものもあるはずである。それが芸術なのか、学問なのか、スポーツなのか、興味の対象はヒトによって異なるが、カネ以外に追求する対象があれば、拝金主義は無くなるだろう。

とは言っても、カネの力（パワー）の信者は耳を貸さないかもしれない。ところで、科学技術がさらに進歩して、何でもタダみたいに手に入るようになったら、どうなるだろうか？　カネが無くてもよくなるだろう。ロボットやAIにより生産コストが劇的に下がり、無尽蔵の太陽エネルギーの利用と、素材技術の進歩によりエネルギーと資源の制約から脱することができれば、何でもタダのようになるのは夢ではない。

ただし、人間は他者と比較する動物であり、他者より多くを欲しがり、他者よりよい生活をしたがるヒトがいるかぎり、カネが無くてよくなっても、カネ以外に他者と差をつける手段（パワーの源泉）を見つけるだろう。

次に、（2）競争について。競争は、決着がつけば勝者の独占に終わるが、また次の競争ラウンドが始まり、敗者は巻き返しをめざす。しかし、最近の独占を見ると、ICT（情報通信技術）の進歩とともにネットワーク効果による独占が目立つ（本書『80インターネットと一人勝ち』参照）。アメリカGAFA、中国BATHに見られる通りである。そこでの独占は世界的規模の巨大な独占であり、敗者になると巻き返しが容易ではない。従って、国家や国際的機関による独占規制が必要となる。従来型の独占には独禁法があるが、ネットワーク型独占への対応は不充分である。

以上、拝金主義に陥る二つの理由を見てきたが、（1）は積極的理由、（2）は消極的理由と言える。（2）を消極的と言うのは、やむなく利益追求競争に巻き込まれると言う意味においてである。拝金、利益追求は人間性の自然な発露かもしれないが、行き過ぎは慎むべきだと思う。

58　非常時と経済

２０２０年の春以来、新型コロナウイルスの感染が世界的に拡散し大打撃を与えている。天災（地震、台風など）や戦争と同様、今は非常時である。非常時になると、平常時には隠されているものが見えてくる（本稿は２０２０年秋に執筆）。

まず、我々の社会はこれほど科学技術が進歩し、豊かで快適な暮らしができるようになっているにもかかわらず、天災や感染症にはなんと脆弱なことか。こうしたことが起こるたびに、平常時にもっと備えをしておくべきだったと思い知らされる。

次に、資本主義経済下にあっては、自由な経済活動は当然だと思われているが、非常時には国家の役割が大きくなる。今回のコロナ騒動では、中国のような強権的国家と、日本、アメリカのような自由な国家とで対応に違いがあるようだが、結果はどう出るか？　自由な体制で危機を乗り切りたいものである。

非常時の異変は、需要サイドと供給サイドに分けて考えられる。今回の場合、外出自粛による飲食店などの売上激減は需要サイドの異変であるが、医療崩壊危機やマスク・消毒薬不足のように供給サイドにも異変が起きている。天災の場合には、ライフラインの破壊といった供給面の危機が中心である。このような危機に対しては、市場（自由な経済活動）だけにはまかせておけない。国家の関与は欠かせないし、さらには統制・計画が必要になることもある。

非常時には、国家が関与し、計画的に動かそうとするのだが、そこでは物量での計画が重要になる。今回のコロナ危機の場合は、例えば、マスクがどれだけ必要かとか、病床が何床、医者が何人足りないかとかいったふうにである。思えば、現代の経済はますます貨幣本位で動くようになっている。高付加価値化して、いかに高く売るか。これは交換価値を基準にした思考である。また、売上を伸ばして、いかに貨幣（カネ）をかせぐか。そこでは貨幣の蓄積が目的になっている。しかし、非常時には、実物、物量が決め手になり、実物（物量）思考が重要となる。実物経済が中心であり、貨幣は実物経済を動かすための手段にすぎないことを非常時は思い出させてくれる。

非常時に打撃を受けた分野（コロナ危機では外食産業や観光産業）に対しては、国家による支援が必要となるが、その際、国民全員に一律の支援を行なうのではなく、被害を受けた分野に対して重点的に支援するのが適切だと思う。国民全員に一律に例えば10万円ずつ支給し、それが被害分野（外食や観光）への需要となって流れてゆくのを待つよりも、直接に被害分野を支援する方が効果的だと思われるからである。

非常時には、実物（物量）思考、直接支援が重要だと言ったが、それは天災時の支援においてもっともよく現れる。

59 シンプルライフ

地球温暖化のせいなのか自然が荒々しくなった気がする。来る時期が早くなった台風、局地的豪雨、洪水、土砂崩れ。一方で、相次ぐ大地震。改めて地震の巣の上に住んでいることを思い知らされる。被害にあえば、復旧するのが大仕事。壊れた家屋を修理し、失った家財を再び揃えようとすると気が滅入る。

それにしても、現代の我々はモノであふれんばかりの家に住んでいる。昔は、江戸時代くらいまでさかのぼれば、どうだっただろう？　家の中はずっとシンプルだったと思う。考えてみれば、モノを持っていなければ、災害があっても失うモノは何も無い。復旧すると言っても、はるかに簡単だったのではないか？　持たざる方が強いのかもしれない。

40年ほど前になるが、『パパラギ』（立風書房刊行）という本が話題になったことがある。本の中で、初めて西欧文明に触れたサモア諸島の酋長ツイアビは、パパラギ（白人）の家がモノであふれているのを見て驚いて言う。『台所はおよそ使うこともない食器や調理道具でいっぱいだ。クロゼットは袖を通すこともない服に占領されている。モノがたくさん無ければ暮らしていけないのは貧しいからで、パパラギはモノに憑かれている』

我々は、モノに憑かれているのだろうか？　だが、モノに憑かれていなければ、我々の経済はもたない。どんどんモノをつくって売らなければ、企業は成りたたないし、経済は回ってゆかない。シンプルライフをめざす人が増えれば、モノが売れず、経済は停滞する。

経済はシンプルライフを許さないのである。

それに、天災の後の復旧需要であっても、需要に変わりは無く、それによって企業は売上を伸ばせるし、国のＧＤＰは増えて経済は成長する。これには何か後ろめたさがつきまとうものの、それも資本主義経済のしくみなのである。

経済成長によって様々な便利なモノが増え、我々の生活が豊かになったのは確かである。けれども、自然環境を破壊してまで、どんどんモノを増やさなければ「もたない」経済とは一体何なのだろう？　我々は、この世に生を受けた時は裸一貫であり、この世を後にする時も何も持っては行けない。この人生の厳然たる真実と、『パパラギ』に登場するツイアビの言に立ち戻って、シンプルライフを認めない資本主義経済のあり方を見つめ直してみる必要があると思う。

とは言え、成長を否定しているのではない。成長により生活が向上するのはありがたい。だが、問題は成長の中身である。昨今のように自然災害の多い時代には、まず災害に対する備えが欠かせず、防災投資によって成長するのはよいことだ。しかし、災害が起きてから、その復旧需要により成長するのはうれしくない。とにかく、経済成長は真に必要なモノを生産することにより実現するのが正道である。

60 需要の二重創造、自由財破壊後の需要創造

豊かな先進国では、多くの人が飽食している。しばしば過食に陥り、肥満、メタボ（内臓脂肪症候群）の不安を抱えて、ジムに通ったり、自室にルームランナーを置いたり、様々な健康薬品に頼ったりしている。しかし、食、グルメの魅力には抗しがたく、消化薬、やせる薬をのんでさえ、グルメを追い続ける。

昔、ローマ帝国の貴族は、様々なおいしいものを次々と腹一杯食べるために、一旦食べたものを戻しては、次のおいしいものに食指を伸ばしていたそうである。セネカは『彼らは食べるために吐き、吐くために食べている』と言っている。この話、現代の我々とどこか似ているところがある気がしてならない。

モノを売る企業のサイドから見れば、どういうことになるだろうか？　まず一方で、飽食・過食させるほど食品を売っては需要を創造し、他方では、それへの対処として、消化薬や痩せる薬を売ったり、スリムになるための体操教室を開いたりして需要を創造している。つまり、一方で需要を過度に創造し、他方でそれへの対処のための需要を創造しているのである。まさに、需要の『二重創造』である。

社会全体の大きな舞台に移して、上記の話を考えてみよう。我々は、自然環境を破壊するほど経済活動を盛んに行ない、一方で、環境破壊が進めば、それへの対策のための機器やサービスを創り出している。また、経済活動が行き過ぎて競争が過激になれば、働き過

ぎになってストレスが増え、病気や犯罪も増えるだろうけれども、それに対する対処として病院、医薬品、各種保険、警察、保安サービスなどへの需要も増えるだろう。ここでは、経済活動の活発化（生産量の増加）と、行き過ぎへの対処の両方の面で、需要が『二重創造』されている。

需要の『二重創造』によって需要が増えれば、それだけGDPも増えて、経済は成長する。しかし、GDPの中身を見れば、喜ばしくないモノも含まれている。環境対策機器や、ストレス医療、保安サービスなどは、経済活動の行き過ぎが無ければ、必要とされないものである。

需要の『二重創造』とともに、見逃せないことがある。それは、『自由財破壊』後の需要創造である。自由財とは、空気や水のようにタダで入手できるモノを指す。産業化が進んで都会の空気や水は汚されて、今では大自然の山の水がペットボトルで売られ、山の空気も缶詰にして売られるようになった。これは都会の自由財が破壊されて生まれた需要である。また、自然が恵んでくれるタダの遊び場（海、川、山）を汚染して人工の遊び場（造波プールや遊園地）を提供するのも同類である。

需要の二重創造や、自由財破壊後の需要創造は、企業の売上高を増やし、経済成長率を引き上げるが、あまりうれしいことではない。

61　需要創造（特に、既存製品の需要創造）

資本主義経済下の企業はモノを売らなければ存続発展できないが、売るためには需要を拡大（需要創造）しなければならない。需要創造は、（1）新製品の開発（商品化）か、（2）既存製品の需要創造か、あるいは（3）それらの中間（モデルチェンジ、製品差別化など）かのいずれかによってなされる。中間というのは、既存製品を少し変えて売るという意味である。

ここでは、既存製品の需要創造について見てみる。それには、様々な方向がある。まず、①一人当たり消費量の増加、②使用期間の短縮、が考えられる。①は、一般的には生活水準の向上を意味するが、浪費につながる場合は問題である。②は、モノを使い捨てにすることに通じるから、資源浪費・環境破壊をもたらす。近年、技術開発や流行創出による新製品登場に伴って、モノの使用期間（ライフサイクル）はますます短くなっている。

次に③専用品化、④個人使用化がある。③は、用途を細分し各用途・TPOに応じた専用品を売ることだが、衣類、食器、時計、めがね、靴などが思い浮かぶだろう。どの用途にも使える「汎用品」だけを売るのに比べ需要は増やせるし、消費者にとっても生活に彩りができるが、行き過ぎれば資源ロスになる。

『パパラギ』という本によると、初めて西洋文明に触れたサモア諸島の酋長ツイアビは、用途限定的な専用品に囲まれたヨーロッパ人を見て驚く。我々の住居を見ても様々なモノであふれており、普段はほとんど使わないモノも多い。稼働率が低く非効率的で、資源の浪費にもなっている。

④は、個人単位で所有・使用されるモノを売ることである。かつては一家に1台が普通であったようなモノ（例えば電話やテレビ）が今では1人1台になっており、それはクルマや、さらには住居にまで（1人暮らしの増加）及ぼうとしている。これは家族のあり方の変化に伴うところが大きいが、企業にとっては需要創造になり望ましい。しかし、我々は家族のあり方、生活の仕方を含めて総合的に見つめ直してみる必要があるだろう。

需要創造の方向について、さらに、⑤新用途の開拓、⑥新市場の開拓、⑦新使用者の開拓がある。⑤は、既存の製品、技術、素材について新たな用途を発見、開拓すること、⑥、⑦はそれぞれ既存製品について新たな市場、新たな使用者を発見、開拓することである。⑥については日本の食品を海外でも売り出すこと、⑦については男性にも化粧品を売ることが、わかりやすい例である。

需要創造は、企業には成長を約束し、消費者には豊かな生活をもたらすが、一方では資源・環境への負荷や、家族・人間のあり方の観点からもよく考えてみる必要がある。

62　商品化（特に、かつては商品でなかったモノの商品化）

資本主義経済においてはモノを売らなければ生活できないため、人々は何でも商品にして売ろうとする。これが商品化である。振り返れば資本主義の歴史は商品化の歴史であった。商品化には、①昔は無かったモノの商品化と、②昔から有ったモノの商品化とがある。①は、新種の製品・サービスを指すが、例えば各種電器製品や情報機器がわかりやすい例として挙げられよう。②には、（ⅰ）かつては商品でなかったり（ⅱ）家庭で自給自足していたりしたモノがある。

ここでは、②（ⅰ）かつては商品ではなかったモノを取り上げる。まず、空気と水。空気は、例えばアルプスの空気が缶詰で売られている。水は、水道水として使われるが、特別にミネラルウォーターも売られる。昔は、空気や水はタダであった。タダで使えるモノを自由財と言うが、うがった見方をすれば経済開発により空気や水が汚染された結果、空気の缶詰やミネラルウォーターといった商品が登場したとも言える。また、自然の遊び場（海や山、川、広場）が少なくなり、人工の遊び場（遊園地、造波プール、ゲームセンターなど）という商品が普及している。これもタダで使える自由財が減り、商品化が進んだ例である。

かつては商品ではなかったモノに準じるモノとして、教育や医療がある。それらは、民間の機関が行なうものであっても、一般の商品とは一線が画されていた（教育は聖職、医は仁術）。しかし、現在では一般の営利事業にますます近づいている。また、20世紀末から民営化が盛んに行なわれるようになったが、民営化前の国鉄、電電公社、郵便局などは公益性が重視され、一般の商品とは異なっていた。それが、今では一般の商品と同様に考えられている。これらも、かつては商品でなかったモノの商品化に準じて捉えることができよう。

さて、モノを売らなければ存続できない企業の側から見れば、商品化の推進は重要課題であるが、商品化はどこまでなら認められるのだろうか？　人間の臓器、人身、性、武器、麻薬などは、社会規範から見て商品として売ることは認められていない。しかし、依然として人身売買や、武器、麻薬の売買は行なわれている。残念なことである。

だが、もっと問題なのは、法律違反とは言えなくても人間の健康や、子供の成長にとってよくないと思われるモノが商品化されていることである。いわゆるジャンクフード、俗悪マンガなどがそれだが、スマホなども使いよう（子供のスマホ漬けなど）によっては大いに問題である。また、さらに基本的な問題だが、使い捨て・浪費をあおるような商品化にも充分に注意を払う必要がある。

②（ⅱ）かつて家庭内で自給自足していたモノの商品化は「外部化」と呼ばれる。外部化については別に稿を改めて述べる。

63　外部化（かつては家庭で自給されていたモノの商品化）

かつて家庭内で自給自足されていたモノの多くが、今では市場で商品として売られている。それらは生活をするため外部の市場から買い入れられるから、外部化と呼ばれる。外部化は、わが国では高度経済成長を経て急速に進んだ。高度成長直前には農業人口がまだ3分の1程度は占めており、特に農村では食料はじめ自給の度合いは高かった。それが高度成長とともに第二次（製造）、第三次（サービス）産業の割合が増え、現在では農業人口は5％を切るほどにまで激減し、生活に必要なモノは外部の市場から調達するようになった。

外部化は、企業から見れば、商品として売れるモノが増えることだから、歓迎すべきことである。経済の歴史を大きく見た時、自給自足経済から分業・交換経済への流れ、そして農業中心から製造業・サービス産業中心への産業構造の転換の中で外部化が生じるのは必然のようだが、以下の諸点に注意すべきである。

①何でも外部（市場）から調達すれば済むと考えるのは無定見だろう。例えば、食においては外食や市販惣菜に頼りきりにならず、家庭料理のよさを再認識すべきだと思う。子供のしつけや教育についてもカネを払って外部の機関に任せれば済むわけではなく、親が子供を見ることは欠かせない。

②現代社会では、社会的分業システムの中で生活に必要なモノを分業により生産し、生産

物を貨幣交換するのが基本である。しかし、分業により担当することだけをしていれば、人間として偏りができる。偏りを直すため、家庭では種々のことをする方が望ましい（例えば、家庭菜園、編み物、大工仕事など）。
③家庭菜園、手料理、洋裁、大工仕事、家庭教師などを家庭内で自らやれば、外部（市場）から買うモノ、サービスは減る。それは外部への依存を減らすこと（自給率の向上）につながる。自給率向上の必要は国家段階だけの話ではない。
④子供がソトで遊ばなくなったと言われてから久しい。最近の子供は、ゲームやスマホにはまり込み、休日には遊園地に行く。これ自体も問題だが、経済的にはかつては無料のもの（例えば近所の広場での遊び）が、外部の市場を利用すること（外部化）により有料になったのである。企業にとっては売上が増えるが、家庭にとっては経済的負担が増えている。
⑤市場から買い入れるには、その分は市場で稼がねばならない、家事ヘルパーに支払う額より、外部の市場での稼ぎの方が多ければそれでよい、生きがいや雇用機会均等のために女性の社会進出は重要だ、という考えもあるが、上述①～④のようなことも考慮に入れて、よく得失を考えてみなければならない。
⑥外部化が進めば、企業は売上が増え、ＧＤＰも増えて経済は成長する。しかし、それは従来家庭内で自給していたこと（ＧＤＰには算入されない）を市場に置き換えただけだから、外部化にともなう成長は見かけだけにすぎない。

64　売るための人間心理利用

人は不安に駆られて、つい買ってしまうことがある。何かサプリメントをとらないと健康が維持できないと言われると、そうかなあと思いサプリに手を出す。子供を塾に行かさないと志望校には入れない、周囲の家はみんな塾に行かせていると言われると、子供を塾に行かせようとする。こういう不安心理につけこむ販売があるが、それは一種の「脅しビジネス」である。

今買わないと買えないよと言う販売方法もある。数量限定や期間限定で売り出す限定販売がそれである。今買わないと損をするよと言うやり方も同類である。将来値上がりする予想がある時とか、消費税引き上げの前とかがそれにあたる。このような時、買うモノが本当に必要なモノなら問題は無いが、余計なモノのこともある。しかし、販売する側は、余計なモノでも売れさえすればよい。

人はとかく他人と比較する。他人が持っているモノは、自分も欲しくなる。見栄を張ったり、自分の持っているモノを見せびらかしたりする。社会的地位にふさわしいモノを持ち、ステイタスシンボルを示したいという心理もある。このような比較心理を、企業は販売のために巧みに利用する。

人は「～しないと損だ」という気になることがある。どのみち一生は短いのだから、できるだけ贅沢はしないと損だ、遊べる時に遊ばないと損だ、と思うことがある。先進諸国のように物質主義的、享楽主義的な風潮の強い社会では、特に「しないと損だ」という気になりやすい。節度を守ることはバカらしくなる。このような人間の心理は、モノを売る側にとっては好都合である。

人には、楽をして儲けたいという心理がある。うまい話には弱い。このような射幸心をくすぐるのは、ギャンブルが典型的であるが、一部の金融商品にも見られる。冷静に考えれば、銀行金利が1％にはるかに届かない時代に、そんなにうまい話はあるはずはないのだが、つい引っかかってしまう。射幸心は、何かを売る企業の側から見れば利用できる人間心理であるが、消費者の側としては冷静さを失わないようにしなければならない。

現代のような変化の激しい競争社会では、心理的ストレスが大きく、人はそのはけ口を求める。買い物は、はけ口の一つであるが、時に「自分へのご褒美」として高価なモノを買ったり、時に必要に迫られていないのに衝動買いをしたりすることがある。また、買い物依存症に陥る人もいる。このような心理も、企業の側からは、販売を増やす手段として利用できる。しかし、依存症につけこんだ「依存症ビジネス」まで現れるようになれば、それは大きな問題である。

人は心理的に弱い。消費者はもっとしっかりする必要がある。しかし、心理につけこむビジネスは倫理にもとる行為であろう。ビジネスの目的は、人々が本当に必要とするモノを提供すること、よい仕事をすることである。

65 広告の功罪

広告は消費者に特定の商品の情報を提供する。広告が盛んになったのは20世紀に入り技術進歩を背景に大量生産、大量消費が行なわれるようになってからである。大量消費を促すためにマーケティングが登場し、その中で広告やクレジットカードの活用が重要になった。大量生産と大量消費が好循環すれば、経済は成長し人々の生活は豊かになる。大量生産によりコストダウンが実現すれば、商品価格が下がり需要が喚起され大量消費される。大量消費はさらなる大量生産を可能にし、それはさらなるコストダウンをもたらす。これが、大量生産、大量消費の好循環である。この循環において、広告は大量生産した商品を大量販売するために活用され、生活の豊かさ実現のために大きな役割を果たした。

大量生産と大量消費の好循環について。好循環させるには起爆剤が必要となる。20世紀初頭のフォード自動車は低価格・高賃金を基本方針として低価格でクルマを売り出し、クルマの普及に成功した。現代における類例としては東レとユニクロが提携したヒートテック製品がある。大量普及を前提にしてあえて低価格で売り出して成功したと言われている。

ここまで広告の功罪のうち功の面を見てきた。では、罪の面はどうであろうか？　広告（Advertisement）は広報（Public Relations）とは異なり、元来商品をより多く売るために行なわれるから、とかく過剰広告、誇大広告の恐れがある。消費者はつい広告に依存して買ってしまう。「消費者は王様だ」と言われて、「選択の自由」が与えられているようでいて、広告に引きずられることも多い。

わが国の総広告費（テレビ、新聞、雑誌、インターネットなど）は、電通によると2019年（暦年）は6兆9380億円で、名目GDPの1・25％を占める。これが多すぎるかどうかは別にして、商品によっては「広告を買っているのか」と思わされるようなものもある。広告は商品情報提供のうえで不可欠だが、過剰過度は避けねばならない。そのための制度として、例えば税法上損金に算入できる広告費の上限を引き下げるなどは考えてもよいのではないか。

上記2019年の広告費を媒体別に見ると、インターネットが初めてテレビを上回った。そこはグーグルやフェイスブックが広告により巨額利益をあげる舞台だが、広告ビジネスが本体の商品ビジネスを凌駕する（例えば株式時価総額ランキングで上位を占める）状況には違和感を覚える。また、グーグル、フェイスブック、アマゾンなど現代の巨大企業はビッグデータを押さえて消費者分析をリードしている。それは顧客の属性、購買履歴を徹底的に調べて販売促進するもので、魚群探知機で魚を一網打尽にするのを彷彿とさせる。広告やビッグデータ分析がGDP成長の中身だというのはいかがなものか？　経済とは人々が本当に必要とするモノを供給することだという原点に戻るべきである。

66 消費者は王様？

わが国では実に様々な商品が販売されており、それぞれの商品の品ぞろえは非常に豊富である。消費者には気に入ったモノを選択する自由があり、企業は消費者に選択してもらおうと必死になる。「選択の自由」を持つ消費者はまさに王様である。しかし、その王様に弱点は無いだろうか？

品ぞろえが豊富なことは消費者にとって望ましいことだが、豊富過ぎると選択に迷う。ベストな選択が何かはなかなかわからない。こんな時、ブランドや広告に頼る。知名度の高いブランドなら大丈夫だと思って、よく商品を調べもしないでつい買ってしまう。広告については全面的に信頼していなくても、巧みな広告であればつい乗せられてしまう。ブランドや広告へ依存しないで自分で調べればよいのだが、思うに任せない。特定の商品について、売る側の企業はそれだけに係わっていればよいが、消費者の方はその特定商品だけでなく、自分の生活に必要なあらゆる商品のことを知らねばならない。このような「情報の非対称性」があるため、消費者は不利な立場に立たされている。

ブランドや広告については、消費者はそれに依存する傾向があることが企業にはわかっているから、企業は広告に多額のカネを使い、ブランドを確立しようとする。消費者は賢い消費者になること、そして、政府は第三者的な商品評価機関を充実させることが重要である。

冒頭で多様な商品が販売され、品ぞろえは豊富だと述べたが、売られる商品の種類、品ぞろえは企業の側の都合で決まる。つまり、企業は当然のことながら儲かるモノしか売らないから、選択の範囲は限られる。例えば、需要がまとまらないモノは売りたがらないから、少数派の需要は切り捨てられる。また、高付加価値化できないモノも扱いたがらないから、シンプルライフ用の簡単な製品は敬遠される。

さらに、社会の生活様式は企業によって決められる傾向が強いため、我々は自分で生活様式を選択することは難しい。例えば、現代は自動車社会だから、自転車党（バイコロジスト）は住みにくく、自動車無しでの生活は困難である。

商品の種類、品ぞろえが豊富なのはありがたいが、豊富過ぎると消費者は選択に迷って困ると先に述べたが、そこにも企業の都合がある。企業から見れば、様々な商品を売り出し、品ぞろえを整えることによって、その中のどれかが当たればよいのである。すべてが売れることを期待するよりも、どれかが大当たりする方が儲かることもある。しかし、このように『数打てば当たる』式に商品を市場に送り出すのは、資源の面では浪費になるし、自然環境も汚染・破壊することになるだろう。

67 高付加価値化とその問題点

高付加価値化とは、製品に高性能、手作り感、デザインのよさ、ファッション性、ブランド、遊び心などの価値を付加して製品を高価格で売れるようにすることだが、これはライバル企業の製品との間に差異を創り出すことにもなるから製品差異化の一環でもある。ライバル企業の製品と違いの無い一般的な製品（コモディティ）では高価格で売れず高利益が見込めない。

高付加価値化において、コストのかかる場合とそうでない場合とがある。高性能、多機能を追求したり、手作りで手をかけたり、デザインに凝ったりすればコストがかかるが、ちょっとしたアイディア製品であったり、昔からのブランドを使ったりする場合は、高価格で売れる割にコストは割安となり、大きな利益があがるだろう。ここではコストと製品価格との間に乖離が生じる。

宣伝広告により流行（ファッション）が創り出されて、需要が増え製品価格が上がった場合はどうだろうか？　これもファッション性付加による高付加価値化の一つだと言えよう。これは、需給関係（需要増）だけによる単なる値上がりや、バブルによる値上がりとは区別できるが、製品価格とコストとの間の乖離により大きな利益があがるという点では共通している。

高付加価値化は企業にとっては重要な戦略であるが、社会全体の観点からは注意すべき点がある。三つ挙げておく。

①価格とコストとの乖離、無内容な高付加価値化

高付加価値化には価格がコストと乖離し巨額の利益を生む場合があるが、消費者から見て本当にそれだけの価値のあるものなのかよく見極める必要がある。中には、過剰機能、単なる流行、ブランド名をつけただけ、物珍しさ、見かけのよさだけといった無内容な高付加価値化もあるからである。他者に付和雷同したり、宣伝広告に踊らされたりして買い物をしないようにせねばならない。

②地道な仕事、所得分配のひずみ

我々は社会的分業システムの中で商品を交換して生活しているのだが、高付加価値化に成功するということは、自らの商品の交換条件がよくなることを意味するから、それだけ受け取る分配額が増える。しかし、一方には高付加価値化するのが難しいが、社会の中では不可欠の商品もあり、社会的分業システムの中でそういった商品を供給する地道な（縁の下の力持ち的な）仕事を受け持つ人々は分配上不利な立場に立たされる。このことへの留意も忘れるべきでない。

③資源浪費、環境破壊

高付加価値化が成功して製品が高価格で売れれば、原材料費や輸送費にコストをかけても経済的に引き合う。これは原材料資源や輸送エネルギーの多量消費につながり、資源浪費、環境破壊を招くことになる。

68 価格の不思議

アメリカプロバスケットボールの元スーパースター、M・ジョーダンが着用したバスケットシューズが競売にかけられ約6000万円で落札された（2020年5月）、というニュースが報じられた。これを聞いて、1990年に大昭和製紙名誉会長がゴッホとルノワールの2作品を計244億円で落札したことを思い出した。また、ブランド品はブランドがつくだけで何十倍もの高値で売られている。これらには、なぜこれほど高値がつくのかと驚かされる。

一方、古い話だが東洋経済誌（2001年11月）に1円入札の記事が載っていた。それには『政府や自治体のシステム開発を1円で落札してしまう究極の安値受注。巨額赤字を覚悟で受注し、後から追加のシステム開発、保守、計算業務受注によって継続的な収入を確保するやり方』とあったが、こんな受注もあるのかと考えさせられる。また、日常的に利用する100円均一ショップでは、こんなモノを100円で売って採算はとれるのかと疑問に思うことがある。

以上、高値と安値の両方について極端な例を挙げてみたが、価格はどのようにして決まるのだろう？　経済学の教科書的には、価格が決まる要素としてコストや需給関係が挙げられる。コストについては、コスト以上の価格で売らなければ経営は成り立たないと考えられ、需給関係については、需要が供給を上回れば価格は上がり、逆の場合は価格は下がると見られている。しかし、現実の価格決定は、そんなに単純ではない。

まず、ライバル企業との競争が重要である。ライバルとの価格競争においては、ライバルを市場から追い出してしまうまではコスト割れの低価格攻勢をかけることがある。ライバルがいなくなれば独占的な利益が期待できるからである。また、製品は単独で切り離して捉えるのは誤りである。例えば、プリンターと印刷インク。プリンターは安く売っても、顧客を囲い込んでしまえば、後から印刷インクで利益が上がる。これは、コンピューターと周辺機器・ソフトウェアなど様々な所で見られる。

わざわざコストをかけて、品質を落としたモノ、サービスを用意し安く売って売上高を増やそうとすることもある。例えば、アメリカの或る運送会社は翌朝早く配達する高料金サービスと、翌日中に配達する低料金サービスを用意して売上を伸ばしているが、同じ届け先に同日に両方の荷物がある場合には、低料金の荷物はわざわざ後からもう一度届けており、二度手間になっている。

ここで見てきたような価格設定は、独占禁止法で不公正な取引（不当廉売、抱き合わせ販売、内部補助、不当な競争者排除など）にあたることもあるが、法律違反までゆかなくても、消費者（買い手）の利益を損ね、資源（天然資源や人材）の利用を非効率的にしている恐れがある。

69　大量生産原理は正しいか？

一般に大量生産ができる過程に入れば、製品1個当たりのコストが下がって価格も下がるから、多くの人が買えるようになり生活は豊かになる。

コストは固定費（機械設備など）と変動費（原材料など）からなる。生産量が増えれば増えるのが変動費、生産量が増減しても変わらないのが固定費である。

いま、ある製品を作るのに1000万円の機械が必要で、原材料費は製品1個あたり10万円だとすれば、製品をz個つくった時、

総コスト＝1000万円＋10万円×z……①

製品1個あたりのコスト＝1000万円÷z＋10万円……②

となる。②式から、zが大きいほど（生産量が多いほど）、1個あたりコストが下がるのがわかる。これが大量生産の原理であるが、規模の利益（スケール・メリット）と結びつくことも多い。規模の利益とは、大型化する方が効率が上がることを指す（例えば大型機械や大型タンカー）。大量生産により大型機械を使えば、規模の利益も得られるから、大量生産の原理と、規模の利益は結びつく。そのため、両者はよく一緒にされるが、概念上は別のことである。

大量生産と資源の関係について考えてみる。多く生産するほどコストは下がるが、それ

は機械を遊ばせないで能力いっぱい有効に使った結果である。この限りでは大量生産は合理的である。しかし、大量生産するモノが不要不急のモノであったり、過度の宣伝広告により需要を刺激して大量生産、大量販売が行き過ぎたりした場合は、どうだろうか？　原材料や製造に必要なエネルギー（いずれも変動費）は余計に使うことになるから、資源の面では浪費になる。大量生産によりコストは下がっても、資源も含めて考えれば合理的ではないのである。

これは、限界コストだけ考えて販売を伸ばそうとする時にも見られる。限界コストとは、製品の生産販売を1個だけ増やした時に増えるコストのことである。その中身は原材料費がほとんどで、上例の場合なら限界コストは10万円である。限界コストだけ考えて生産販売するとすれば、10万円以上で売れれば、生産を増やせばよい。限界コストだけ考えるのは、機械（固定費）は遊ばせないで済むから固定費はかからないとみなすのである。これは、企業にとっては合理的な考えであろう。しかし、それが不要不急で水膨れ的なモノなら、原材料やエネルギーといった資源の無駄使いになる。

大量生産の原理にせよ、限界コストによる生産販売にせよ、至って合理的なように見える。しかし、資源エネルギーを含めて社会全体で考えると、合理的とは言い切れないのである。単に、会計上のコスト計算の数字だけを見て合理性を判断することはできない。

70 「豊かな社会」なのになぜ奪い合うのか？（競争の原因論）

競争の稀少性理論によれば、人々の間の競争は、欲しいモノに稀少性がある時に起こる。子供が10人いて、ケーキが3個しか無いなら、奪い合いになる。しかし、10個あれば、仲よく分けられるだろう。現代の社会を見ればどうか？ モノで満ちあふれた「豊かな社会」が実現していて稀少性は無い。それなら、経済的には競争は起こらないのか？ そんなことはない。激しい競争が起こっている。なぜだろう？

社会全体が豊かでも、一人占めしてしまう人や、他者より多く欲しがる人がいれば、競争は起こる。先のケーキの例で、欲張りの子が6個取ってしまえば、他の9人は残りの4個をめぐって競争をしなければならない。経済においても同様である。一人占めする人が出れば、他の人は生き残りをかけて競争せざるをえなくなる。

経済の場合、一人占め（一人勝ち）が起こるのは人間の強欲のせいもあるが、それより重要なのは『一人占めを可能にする仕組み』が存在する点である。現代社会では、ICT（情報通信技術）の進歩と、マネー中心経済への流れがそうした仕組みを可能にしている（本書『80』『90』『94』参照）。ICT、マネーの分野は、アメリカがいち早く開拓し世界の先頭を走っているが、それらの分野の勝者には巨万の富が蓄積され一人勝ちが生じている。

一人占めと並んで、もう一つ見逃せないのは、富が権力や地位と結びつく点である。富があれば、権力や地位が得られるし、逆に権力や地位は富をもたらす。この権力、地位には強い稀少性がある。誰かが権力を握れば、他の人は従うほかなく、誰かが地位を得れば、他の人はその地位をあきらめるほかない。このように、権力や地位は誰もが得られるものではないという意味で稀少性をもつのである。

そして、富をめぐる経済競争が、究極的には権力や地位を獲得するためだというのは、世上よく見られるところである。そこでは、権力、地位のもつ強い稀少性のために、競争はいきおい熾烈を極める。

それにしても、「豊かな社会」が実現して、社会全体としては皆が生活してゆけるだけのモノは充分にあるはずだから、皆で仲よく分ければ、無益な競争、奪い合いはしなくて済むのではないか？　もっとも、他者より豊かになりたいと思って競争するのは、度を越さない限り悪いことではない。また、科学技術を進歩させ大いに創意工夫をして新しい領域を切り開くために競争するのは、歓迎すべきことである。競争のよい面は活かしながら、一人占め（独占）や権力集中のような事態を防ぐ知恵が求められている。

71　人間の本性と競争

競争は、皆が欲しがる対象物が稀少なら避けられないが、対象物が充分にあれば競争にならない、というほど単純なものではない。あり余るほど対象物があっても、一人占めにしたいという強欲な人がいれば、奪い合いは起こる。

欲の深いことは進歩や向上のもとにもなるが、奪い合い、争いのもとにもなる。

また、人間は他者と「比較」する。他者より多くのモノを欲しがり、他者に自分の持ち物を見せびらかしたり、ステイタスシンボルになる高級品を求めたりする。いつも他者と比較していれば、いつまでも競争は続く。

さらに、人間は仕事を通じて他者と差をつけ上に立ちたいと願う。組織の中であれ個人事業を営んでであれ、仕事で有能さを発揮して成功をおさめ、地位、名誉、権力を得ようとする。地位、名誉、権力は元来稀少性が強い。誰かが社長の地位につけば、他の人はあきらめるほかないし、誰かが権力を握れば、他の人は従属的地位につかざるをえないだろう。地位、名誉、権力が目標にされると、稀少性が強いだけに競争は熾烈をきわめる。

地位、名誉、権力は仕事の結果として獲得されるものであるが、それらの獲得が競争の主目的になり、本来の仕事が二の次になることもある。これは本末転倒であり、競争の「自己目的化」だと言える。そこでは、競争しながら仕事をして社会的役割を果たすことではなく、競争すること自体が仕事のようになり、競争に勝つことが目的になる。

競争者が互いに意地になれば、競争の自己目的化は一層顕著に現れるだろう。お互いに「意地でも負けられない」というような状況になれば、何のために仕事をしているのかわからなくなる。

競争はまた、苦しいこともあるが、ゲームのように面白い面もある。そのため、競争がゲームのように楽しまれもする。これは競争の「ゲーム化」だと言えよう。ゲーム化すれば、競争は一段と活発に行なわれるようになる。

以上、人間の本性の観点から競争について考えてきたが、この競争は、現代では自由競争経済という経済システム、競争を重視する社会の風潮（競争主義）によって加速されている。また、現代のように組織対組織（例えば企業対企業）の競争が盛んになれば、組織で働く個人は、組織内の仲間と一体感を持ち、一体感に熱く燃えるようになり、外部の組織との競争はより一層過熱する。

競争、競争心は、発展の原動力である。しかし、それは上手に制御しなければならない。制御を誤れば、人間社会はますます住みづらくなる。ただ、人間には不思議なところがあり、モノが稀少であっても競争が起こらないこともある。『乏しきを分かちあう』場合がそれである。よく人間の本性を観察しつつ、社会をよりよくしてゆきたいものである。

72 ペッキング・オーダー（社会の序列）

鶏にはペッキング・オーダー（突つきの序列）があるそうである。鶏は突つき合いをして強さの序列を決める。序列が一旦決まると、一番強い鶏はどの鶏も突つけるが、どの鶏からも突つかれることはない。任意の鶏は上位の鶏からは突つかれるが、下位の鶏に対しては突つける。弱い鶏は突つかれて死ぬこともある、と言われている。これは、どのように解釈できるのだろう？　序列によってエサを食べる順番が決まるなど、鶏社会に秩序が生まれる。強い鶏が勝ち残ることによって種の保存に役立つ、というようなことが言えるのだろうか？

人間社会を考えてみよう。やはり序列はあるが、それは何で決めるのだろう？　動物の社会のように腕力だけで決めるのではない。普通は、仕事での業績、手柄で決めると見てよかろう。業績、手柄は、企業の場合ならば、例えば売上高や利益額への貢献度によって測られるだろう。

ところで、企業の経済活動は何のために行なわれるのだろう？　企業は社会的分業システムの中で何かの役割（何らかの製品・サービスの生産供給）を担っており、その役割を果たすのが経済活動の目的である。企業の社員は、企業の中で役割遂行の一翼を受け持ち、そこで業績、手柄をあげようと努力する。

そして、その業績、手柄で序列が決まる。とすれば、企業とその社員は、分業システムの中で社会が必要とするモノを生産供給しながら、同時にそこで序列も決めていることになる。経済の場は、『お互いに分業によって必要なモノを生産供給する場であるとともに、序列を決める場でもある』と言える。

ここで、教育の場を引き合いに出してみよう。教育は何のために行なわれるのか？　次世代を担う若者に対し知識、情報、技能などを提供して、生きる力を身につけさせることが教育の本来の目的である。しかし、実際には教育の場は学歴という序列を与えるという機能も持っている。そして、高校卒か大学卒か、また一流大学卒かといった学歴によって社会に出てからの処遇が異なるという現実を前に、激しい受験競争が繰り広げられる。教育の場は『若者に知識、情報、技能を提供するだけでなく、学歴による序列も提供している』のである。

さて、ここで序列を決めることに心を奪われれば、どうなるか？　序列は、所得はもちろん、地位、名誉、権力と深く結びついているため、誰にとっても大きな魅力となる。しかし、本来の目的を忘れてはならない。経済の本来の目的は、社会に必要とされるモノを生産供給することである。それを序列争い、権力争いにうつつを抜かすとすれば、それは本末転倒となる。また、教育の本来の目的は、次世代の若者を育てて、人類社会の存続発展をはかることである。それを学歴の偏重により受験戦争に駆り立てたりしては、若者をつぶしてしまうことになる。人間社会の序列づけには、叡智が要請されている。

73　世界に一つだけの花（比較、競争、序列づけ）

スマップの「世界に一つだけの花」に、人間はどうしてこんなにも他人と比べたがるのだろうか、という一節がある。人間が他者と比較して競争するのはなぜだろうか？　基本的には各人は個人として独立していて、利害やプライドが帰属する単位だからだろう。

しかし、農業社会では個は抑制され、個の確立は見られなかった。それが近代の産業社会に入ると、個が解放されて自由に自らの欲求充足を追求するようになり、他者と比較し他者と競争するようになった。さらに現代社会では個性発揮、競争に重きが置かれるため、競争社会と言われるほど競争が激しくなった。

競争は競争対象が稀少な時に起こるのが普通であるが、対象が稀少でなくても他者より多くを欲しがる人がいれば、競争になる。そこでは、他者と豊かさを競っているのであり、そうした豊かさ競争が起これば、社会がいくら豊かになっても競争は無くならない。また、豪華なモノを買ってステイタスシンボルにしたり、贅沢をしてみせびらかしたりする人がいるが、そうした他人より上位に立とうとする競争にはキリが無い。

以上のような、他者より豊かに、他者より贅沢に、という消費者による比較・競争行動は、それによって売上を増やせるから、生産者（企業）にとっては好都合である。企業の内部では、消費者の比較・競争心理を活用して売上を伸ばせる人が成功者となり、地位・名誉・権力を獲得する。地位・名誉・権力は本質的に稀少であるから、それをめざした競争は加速するだろう。この地位・名誉・権力の獲得は、結局は序列づけすることでもあるから、それをめぐる競争は『序列づけ競争』だと言うことができ、序列上位をめざすことに力点が移れば、経済活動は序列づけのために行なっているようになるだろう。

我々は消費者であるとともに、企業などで働いている間は生産者になる。一人二役をしているのである。消費者としては他者と比較し、時には虚栄を張りつつ消費活動をし、生産者としてはそのような消費者の比較心理を巧みに利用して売上を伸ばし、地位・名誉・権力を得て序列を上げようとする。経済活動の場は、豊かさの見せびらかしや社会的地位・権力が絶えず意識されている『序列づけの場』であるように見える。

ここまで、比較、競争、序列づけについて見てきた。スマップの歌に戻ろう。人間は比べたがる存在である。それは社会を活性化し、社会を発展させる原動力になる。それによって、経済は成長し、豊かな社会が実現した。しかし、比較心理、競争意欲をうまくコントロールできなければ、人間は不幸になる。見栄、虚栄や、過度な名誉、権力志向、上昇志向は人間も人間社会も滅ぼす。ナンバーワンにならなくても、オンリーワンをめざせばよいではないか、というスマップの歌の一節をかみしめてみる必要があるだろう。

74　独占は競争の反対語か？

経済の場で独占と言えば、特定の製品・業種においてマーケットシェア（市場占拠率）が何％に達するかとか、かつての電力会社は地域独占が認められていたとかいったことが思い起こされよう。しかし、独占とはそもそも「独り占め」することであり、身近な話では、子供がお菓子を独り占めするのも独占である。また、近年は経済格差が広がり、アメリカでは上位1％の人々が所得の25％を得ていると言われているが、これも所得の独占だと言えよう。このように、独占を取り上げる時、広い視野から考えてみる必要がある。独占の弊害を是正するために、よく独占禁止法が話題に上るが、経済格差に対しても独占禁止法的なものが存在していてもおかしくないのではなかろうか。

歴史をさかのぼれば、中世には国家に庇護された大商人が利益を独占したことがあったが、国家との癒着は近世に入っても続き、いわゆる政商は独占的利益をほしいままにした。20世紀になると、大製造企業の勝者が市場を独占するようになり、それに対して独占禁止法が生まれたのだが、近年の独占はいささか様相を変えている。それはＩＣＴ革命の中で登場したＧＡＦＡなどによる独占であり、ネットワーク効果を利用して世界的な独占を築くに至っている（本書『80　インターネットと一人勝ち』参照）。しかし、その弊害を是正するような規制は現段階では充分ではない。

ところで、独占は、競争の反対語だと見られている。しかし、競争が進展すると、最後には勝者だけが勝ち残って、利益を独占するようになる。競争が行き着く先は独占であり、競争と独占は一連の流れである。独占禁止法は、独占を禁止するように見えるが、独占の弊害を避けるため、競争が行き着くところまでは行かせない、つまり、いつまでも競争状態においておこうというルールである。企業は、競争させられることを嫌う。競争の結果、独占的利益が期待できる時に競争に参加する。したがって、独占を禁止すると言っても、ある程度まで独占的利益を許さなければ、企業は競争に参加しない。企業のモチベーションと、消費者の保護を両にらみしながら、競争政策（独占禁止政策）は進められる。

このことは、特許権など知的所有権についても同様である。知的所有権を完全に（例えば永久に）認めてしまえば、一般の社会では知識・情報を利用できず、多大な損害をこうむる。逆に、知的所有権を認めなければ、誰も発見・発明に努めようとはしなくなる。したがって、知的所有権政策は、両極端の間のどこか適当な点を見出すしかない。

独占は、巨大な利益、強力な支配権力を生じるという弊害がある。独占的利益を獲得しようとする企業のモチベーションを損なわないようにしながら、いかに独占の弊害を抑制するか、妥当な競争（独占禁止）政策が要請されている。

75　競争の好循環・悪循環

競争の経過・プロセスをながめると、好循環する時と悪循環する時とがある。

好循環というのは、互いに切磋琢磨して共に高めあう場合や、互いに好敵手として尊重しあう場合である。個人間の切磋琢磨にせよ、企業間の充実した紳士的な競争にせよ、好循環すれば好結果が得られることは言うまでもない。逆に、悪循環としては、足の引っ張り合い・泥仕合や、意地・見栄の張り合いや、いわゆる「囚人のジレンマ」などを挙げることができる。

「囚人のジレンマ」とは、互いに相手を信頼して協調すれば、共に満足な結果が得られるのに、互いに相手を出し抜くような行為に出て共倒れになる場合を指す。相手を出し抜いた時の利益は莫大だが、逆に出し抜かれれば自分だけ大きな損失をこうむる場合には、競争者のどちらも相手を出し抜く誘惑にかられる。しかし、その結果はどちらも利益を得られず共倒れに終わるのである。

これは国家間の軍拡競争や、企業間の値下げ競争においてよく見られる。値下げ競争では、一方が値段を据え置き他方が値下げした時、値下げした方には莫大な利益があがるため、双方とも値下げしようとするが、それがエスカレート（Escalate）すれば共倒れになる。互いに相手を信頼して原価無視の無理な競争に陥らなければ、双方とも安泰であるのに、互いの信頼関係が築かれていなければ、無謀な競争に落ちこむ。それが「囚人のジレンマ」である。

上例では値下げの応酬、エスカレーションを取り上げたが、こうしたエスカレーションは、企業間競争においては宣伝広告費、店の開店時間など様々な経営戦術に現れる。一方が広告宣伝費を増やしたり、開店時間を長くしたりすれば、他方もそれに対抗せざるを得ず、それがエスカレートしてエンドレス（Endless）に続けば、双方とも損失をこうむる。このエンドレスなエスカレーションは、「赤の女王」仮説の説くプロセスにも通じるところがある。

「赤の女王」仮説とは、進化生物学における仮説で、生物は環境に対応して進化しなければ生き残れないと説く。例えば、植物とそれを食べる昆虫の関係で言えば、植物は食べられないように毒性を持つが、昆虫はそれを消す解毒作用を持つようになり、さらに植物はそれを上回る毒性を持つようになる。この過程は繰り返されてどこまでも続く。これは、企業間競争にもあてはまり、相手が競争力を持てば、こちらはそれを上回る競争力を持とうとする、というプロセスがエンドレスに続くのである。

エンドレスな競争プロセスが切磋琢磨を意味し、社会に進歩をもたらすならば結構であるが、泥仕合、消耗戦となるような悪循環であるなら、どこかでそれを断ち切らねばならない。いかに悪循環を断ち切って「悪い競争」を抑え、「よい競争」を残していけるか？難問である。

76　競争の自己目的化

伊藤整は『火の鳥』という小説を書いたが、その中で主人公の女優生島エミが『私たちの作っているこの集団（劇団）では、まるで憎しみと嫉妬と競争と他人の否定との戦いが目的になっており、その戦いの手段として芝居をしているのではないか、と私は思うことがある』と言うくだりがある。

これは、まさに仕事（『火の鳥』では芝居）とそれをめぐる競争が本末転倒し、競争が自己目的化している様子を表したものである。そこでは互いに協力、協調すれば、よい結果が期待できるにもかかわらず、躍起になって競争しようとしている。そうしたことは、意地になったり面子にこだわったりする場合に起こりやすいだろう。もちろん、競争に勝った方にはカネ、地位、権力が約束されていて、そのために競争に執着するのかもしれない。しかし、仕事をしっかりすることが目的であり、競争はその過程で生じることにすぎないということを忘れてはならない。

競争にはゲームとしての一面もある。勝つために戦略を練り、勝利をめざしてプレイすることは楽しい。さらに、団体戦になると団結心、一体感が共有できて気持ちが高揚する。企業間競争を見ても、競争は厳しくてつらいものである反面、上記のゲームとしての楽しさ、団体戦の高揚感が認められる。ここでは、競争がゲームとして自己目的化しているのだが、本来の目的（社会から必要とされるモノの供給）を忘れるべきではない。ゲーム、競争に勝つことは目的ではなくて、仕事という目的をめざす過程に現れるものにすぎないのである。

競争にこだわるかどうかについては、個人差がある。人間は、協調（共生）派と闘争（好戦）派に分かれるようである。協調派は勝敗より試合内容を重視する。試合に負けても内容がよければ満足する。闘争派はとにかく勝つことにこだわる。勝つためには手段を選ばないこともある。社会の中では、闘争派は「大きな声」を出すため、とかくその主張が通りやすい。

加えて、現代社会には、競争を善とする風潮が強い。競争により効率があがり経済は成長し、皆が豊かになれると説かれる。しかし、競争には「悪い競争」もある。手段を選ばない競争、泥仕合になるような競争、世の中をギスギスさせる競争、環境破壊をもたらすような競争がそれである。悪い競争は避けるべきだが、競争重視の風潮が強くて、その声はなかなか届かない。思えば、現代は「競争する自由」はふんだんにあるが、「競争しない自由」は無い。

競争に関して、その善と悪、功と罪をよく考えて行動することが、企業にも個人にも求められている。何のための競争か、本来の目的は何かをよく考える必要がある。仕事をして社会に寄与することが目的であるのに、仕事を通じて競争に勝つことが目的になるような本末転倒は避けねばならない。

77 ローレンツの「鹿の角」、ピーターの法則

動物行動学者のK・ローレンツによれば、鹿の世界では立派な角を持った牡鹿が雌鹿を獲得する競争に勝てる。そこで、雄鹿は角を大きく立派にしてライバル鹿と差異化しようとする。ところが、角が大きくなりすぎると、外敵に追われて逃げる時、木に引っかかって捕らえられてしまう。その結果、雌鹿獲得競争に勝つための差異化が、種の保存にとっては妨げになる。

この話は示唆に富んでおり、どんな基準で競争の勝敗を決めるか、どんな点で競争するか、何のために何をめぐって競争するかについて、我々に多くを考えさせる。例えば、入試（競争試験）においてはどうか？　合格者（勝者）が果たして社会に必要とされる人材だろうか？　入試だけで勝者を決めることは難しいため、一定の学力に達しているかどうかは試験で判定するが、後は抽選で決めるという方法も考えられるかもしれない。

また、企業での昇進は過去の実績で決めることが多いが、果たして妥当か？　教育学者L・ピーターは、現ポストでの能力発揮により昇進を決めれば、組織内のポストは無能者で埋まってしまうと言う。現ポストで能力を発揮すれば昇進できるが、昇進後のポストで能力が発揮できなければ、そこで昇進はストップする。現ポストで能力を発揮し実績をあげた者がすべて昇進するとすれば、全員が能力を発揮できないポストまでは昇進するため、組織内のポストは無能者で埋まってしまうのである。これは『ピーターの法則』と呼ばれ

る一種のユーモアであるが、昇進の決定には過去の実績だけでなく、将来性や潜在能力などを加味する必要があることを示唆している。

さて、企業間競争においてはどうか？　製品の差異化が決め手になることが多いが、そこにも難しい点がある。差異化が枝葉末節のものであったり、過剰機能・過剰サービスによるものであったり、宣伝攻勢によるものであったりする場合は問題である。また、話が大きくなるが、企業の評価が利益や売上高だけを基準にして決まったり、国家の評価がGDPやその成長率だけで決まったりするのも問題である。企業による利益、売上高至上の姿勢、国家による経済成長一辺倒の姿勢は、自然環境破壊や物質主義・拝金主義の弊害を招くからである。

雄鹿による大きな角の追求にせよ、企業による利益追求にせよ個体にとってはいたって合理的な行動である。しかし、全体を考えれば不都合極まりない。鹿は種の保存がおぼつかなくなり、企業の場合は地球環境が破壊されて元も子もなくなるからである。これは、まさに『合成の誤謬』だと言えよう。

何を基準に勝敗を決めるか？　何をめぐって競争すればよいのか？　企業の場合は、社会の必要に応えて、いかに「よい仕事」をしているかではないかと私は考える。

78　需給不均衡と競争、支配関係

需給が不均衡になれば、（1）競争、（2）支配関係（パワー関係）が生じる。

（1）競争について。需要（D）＞供給（S）であれば、買い手にとって必要とされるだけのモノが無い状況であるから、買い手の間に競争が起こる。逆に、D＜Sであれば、売り手から見てモノが生産過剰で、販売先が充分に無い状況であるから、売り手の間で競争になる。一般に、競争は、『競争対象が稀少な時に』生じる。上の場合、D＞Sの時は買い手から見て欲しいモノ（競争対象）が稀少なのであり、D＜Sの時は売り手から見て販売先（競争対象）が稀少なのである。

DとSの不均衡は、時間軸上でも空間軸上でも生じる。時間軸上の不均衡は景気循環（在庫循環など）として取り上げられる。空間軸上の不均衡は、社会全体としては需給が均衡していても局地的には不均衡がある場合を指す。それは業種によって、あるいは地域によって不均衡が生じる場合である。そこでは、当然に売り手間、あるいは買い手間に競争が生じる。

（2）支配関係（パワー関係）について。D＞Sであれば、売り手の側が強く、D＜Sであれば、買い手の側が強い。一般に、パワー関係は、『依存によって』生じる。D＞Sの時は、買い手は売り手に依存せざるをえず、逆にD＜Sの時は、売り手は買い手に依存せざるをえないから、パワー関係が生じるのである。

パワー関係は、一般に、大きなパワーを持つ個体とパワーに欠ける個体との間に形成される。後者は前者に依存することが多いからである。パワーの源泉としては、資金力や技術力など様々なものが考えられるが、需給における優位な地位（売り手の場合はD＞Sの状況）もパワーの源泉となる。競争関係にある個体は、パワーを蓄え競争力をつけて競争に備え、競争に入れば、パワーを可能な限り有効に行使しようとする。

競争について補足する。競争は、競争の対象が稀少な時に生じると述べた。では、豊かな社会が実現した先進諸国では、経済競争は起こらないのか？　そんなことはない。全体としては豊かでも、一人占めする個体があれば（Winner Takes Allのように）、他の個体は残されたモノをめぐって熾烈な競争を展開する。また、経済活動の場で地位や名誉をめぐる競争がなされれば、地位や名誉には強い稀少性があるので、競争は熾烈になる。

パワー関係についても補足する。パワー関係は依存によって生じると述べた。では、従属的地位を避けるにはどうするか？　依存しないようにすることである。例えば、D＞S状況に置かれた買い手であれば、別に仕入先（売り手）を開拓すればよいだろう。

79 ユックリズム、競争しない自由

現代社会は基本的に自由が大幅に認められた社会だと言えるが、ユックリズム信奉者にとってはどうであろうか？　現代社会では、競争を善だと見て競争勝者を称える傾向が強い。そうした競争社会の中で、競争の副作用に目を向け共生に重きを置くユックリズム信奉者は生きづらさを感じるだろう。

自由が認められているとは、どういうことか？　何でも好き勝手にできるということではない。互いに他者の自由を尊重し、社会の規範や慣習には従わねばならない。それが責任をわきまえた社会人としての態度である。その場合、社会の規範、ルール、慣習、風潮、空気（以下、規範等と呼ぶ）といったものに疑問を感じずにすんなり順応している人にとっては、規範等は何ら拘束にはならない。しかし、疑念を抱き改善の必要を感じる人にとっては、既存の規範等は拘束し抑圧するものとなる。

ユックリズムについても同様である。競争社会信奉者は、競争に大きな価値を認める現代社会の中では「競争の自由」を心ゆくまで謳歌できる。一方、ユックリズム信奉者には「競争しない自由」は無い。競争を奨励する競争社会の中にあっては、いや応なく競争に参加するほかない。

社会の規範等はいかに形成され、どのようなものであればよいのか？　理想を言えば、万人が納得し、万人が拘束・抑圧を感じずに済むようなものが望ましい。と言っても、価値観の多様化が進む現代社会にあって、万人が賛同するような規範等を形成することは困難であろう。しかし、価値観の異なる者同士ができる限りコミュニケーションに努めて合意をめざすことは重要である。また、合意形成の過程において、声の大きい者の考えだけが通るようなことはあってはならない。さらに、異なる価値観、考えを持つ者も認めるだけの寛大さも人間社会には欠かすことはできない。

ユックリズムの話に戻って、先ほど競争を重視する現代社会においては「競争の自由」はあるが、「競争しない自由」は無い、と言った。そこで、一つ付け加えたいのだが、両者の自由は性格を異にする。「競争する自由」は、積極的に何かをする自由であり、他者に影響を与え、他者を巻き込んでしまう自由である。したがって、自らがそういう積極的自由を行使しようとする時には、他者の持つ様々な自由を損なっていないかどうかに気を配る必要がある。それに対して「競争しない自由」は、何かをしない消極的自由であり、他者を巻き込んで他者を害するというようなことはない。「競争する自由」という積極的自由に対する「競争しない自由」という消極的自由は、喫煙権に対する嫌煙権とちょうど同じような関係にある。いずれも他者への影響、迷惑は問題にならない。

80　インターネットと一人勝ち

巨利をあげて一人勝ちする現象は昔から見られたが、近年はそれがインターネットと結びついている。FANG（フェイスブック（Facebook）、アマゾン（Amazon）、ネットフリックス（Netflix）、グーグル（Google）の4社）や、ウーバー（Uber）、エア・ビー・アンド・ビー（Airbnb）などにはどこに成功の秘密があるのだろうか?

以下の三つに分けて考えることができる。

（1）商圏が地球大に拡大

インターネットの普及により地球の隅々まで取引相手にすることができるようになった。その結果、売上高が飛躍的に増え、その一方で顧客の大幅増加により、需要サイドからの「大規模化の利益」が得られて大幅なコストダウンが可能になった。また、情報のように物流コストのかからないものについてはもちろん、物流の必要な物品についても物流コストが比較的低い（物流技術の向上、輸送エネルギーコストの低位安定）ため、商圏の地球大化に拍車がかかっている。

（2）限界費用がほぼゼロ

供給量（利用者数、登録者数、会員数）が増えた時に追加的にかかる費用を限界費用というが、この限界費用がほぼゼロになった。情報（情報提供、教育、出版、音楽配信、ソフトウェアなど）においては、最初の制作にはコストがかかるが、供給を増やす時に追加的コストはほとんどかからない。ネットショッピングやネットオークションにおいても、一旦システムを作ってしまえば、あとは会員が増えても追加的コストの増加はほとんど無い。また、宿泊や運転サービスを仲介するサイトでは、利用者が増えても追加的に設備を増やす必要が無い。

（3）ネットワーク効果の発現

ネットワークへの参加者（利用者）が増えるほど、参加者にメリットの出る現象がネットワーク効果だが、昔から電話やパソコンのOSなどに見られた（例えば電話なら、利用者の多いネットワークほど掛けられる相手が増えるため）。近年ではネットショッピング、SNS（フェイスブックなど）、通信（わが国のラインなど）、ネット検索、ネット広告などにおいては、ネットワーク効果によって利用者数、したがって売上高が雪だるま式に増えるようになっている。

なお、ネットワーク効果を広くとらえれば、言語、通貨、ベストセラーなどにもあてはまる。言語は、使用者が多い言語（例えば英語）ほど使用しようとする人が増えるからで、これは通貨（ビットコインなどの仮想通貨も含めて）にも言えることである。また、ベストセラーは、それを読むことで話題のサークル（ネットワーク）に入れるため、買う人が増えてネットワークは拡張する。話題のサークルに入りたければ、話題に上るような本を読めばよいのである。

81　グレシャムの法則と企業不祥事

競争ルールに不備・不完全なところがあれば、悪徳企業をチェックすることができず、企業不祥事を根絶することはできない。例えば、環境規制や労働者保護規制の基準が甘くて、罰則も軽すぎる場合はどうなるだろうか？　法律はスレスレにしか守らないか、時により法網くぐりをするような悪辣な企業は、法律順守のためのコストがかからないから、競争上有利になる。その結果、環境保護や労働者保護にコストをかける良心的企業は競争に敗れて、市場から淘汰されてしまう恐れが出る。

とりわけ違反した時の罰則がゆるい場合が問題である。違反したことによって得られる利益が、違反により科せられる罰金より大きければ、どうなるだろうか？　悪辣強欲な企業ならば、あえて違反してでも、利益を増やして競争に勝ち残ろうとするかもしれない。

以上、競争ルールが不充分なとき何が起こるかと言えば、善良な企業が市場から駆逐され、あくどい企業だけ生き残るという不条理が起こると述べた。ここには、まさに『悪化は良貨を駆逐する』というグレシャムの法則が貫徹するのが見られる。悪徳企業という悪貨が良心的企業という良貨を市場から駆逐してしまうのである。

グレシャムの法則は、16世紀半ばイギリスの財政家T・グレシャムが唱えた法則である。金貨が流通していた当時、金含有量の多い良貨は蓄蔵されたり、地金に戻されたりするため、市場には金含有量の少ない悪貨ばかり流通するようになった現象を指す。

グレシャムの法則の貫徹を避けるには、まず競争ルールを整備し強化することが大切である。とりわけ、違反して罰金を払っても悪辣なことをする方がかえって儲かるというようなことはあってはならない。罰則は強化すべきである。

しかし、明文化したルールだけでは悪徳企業の跳梁や企業不祥事は防げない。悪い企業をボイコットし、よい企業を応援するような「社会の目」が重要な役目を果たす。個々の消費者が充分自覚を持つとともに、企業を評価する公正な第三者機関をさらに充実させる必要がある。また、あくどい企業の悪行と、善良な企業の善行の双方をバランスよく適切に報道するマスコミの役割も大切である。それによって社会的責任をとり、真に社会の公器として経済活動をする企業が生き残っていけるだろう。

競争ルールや「社会の目」は、グローバル的に考えねばならない。グローバル化が進み競争がグローバル的に行なわれる今日、わが国の企業だけ不利益を受けなくて済むように、競争ルールの整備・強化、「社会の目」の涵養は、グローバル的に足並みをそろえて行なうことが肝要である。

82　働き方改革（同一労働同一賃金）

現在、働き方改革が打ち出され、長時間労働の解消、非正規と正規社員の格差是正、高齢者の就労促進が3本の柱とされているが、私は、そこでのカギは処遇制度の改革、同一労働同一賃金の実現だと思う。わが国では、特定の職務を担当するために就職するのではなく、就職すれば何でもこなすという働き方が多く見られ、また賃金は職務に対して決められる職務給ではなく、年功序列的要素が残っている。その背景には勤続年数や年齢に応じて仕事をする能力（職能）も高まるはずだという前提があるが、それでは同じ職務（同一労働）を担当しても賃金に格差が生じて不合理である。また、科学技術の進歩が急速な今日、若い人ほど新知識を吸収しやすい実情を見れば、年功制は時代に合わない。

賃金は、職務に応じて決める職務給に切り替えるのが合理的であり、それにより同一労働同一賃金が実現する。職務給は、「どこで」「誰が」働いても、職務が同じであれば賃金も同じにすることだからである。同一労働同一賃金は、一つの組織（企業や行政機関）の中だけでなく、社会全体で横断的に進めることが重要である。具体的には、大企業でも中小企業でも、どの業種であっても、また年齢や勤続年数が異なっても、職務が同じなら賃金も同じになり、正規社員・非正規社員や男女間の区別も無くなる。もっとも、ボーナス部分は、組織（特に企業）の業績次第で格差が生じることはあるだろう。

年功序列型賃金は、家族の扶養とも関連する。年齢とともに賃金が上がるのは、働く人が年を取るほど扶養家族にかかる支出が増える実態を反映する面があるからだ。扶養家族の中で、高齢者の生活費は公的年金などにより賄われるが、子供の養育費は親の負担になっている。特に教育費の負担が重い。

そこで、教育費は大幅に公的負担にすればどうか？　それにより扶養家族（子供）のために賃金を増やす必要が無くなり、職務給（同一労働同一賃金）を実現しやすくなる。また、子持ち家庭とＤＩＮＫｓ（Double Income No Kids）家庭との間の公平性も確保でき、さらに、教育費公的負担により家庭の負担が減れば、出生率向上も期待できる。なお、働けない子供や高齢者は被扶養者だが、家事を担う配偶者は被扶養者ではない。家事は賃金が支払われないシャドウ・ワークだが、社会にとって不可欠の仕事だからである。

最後になったが、非常に重要な点を述べる。それは、職務給、同一労働同一賃金とワークシェアリングの関連についてである。社会全体で同一労働同一賃金が実現すれば、働く人々の処遇が公平になる（格差是正）だけでなく、労働の流動性が高まり、ワークシェアリングが進めやすくなる。ワークシェアリングは、失業と人手不足の両方を解消するのにも役立つが、何よりも重要なのは、人々の自由時間が増えて、人生をより充実したものにできる点である。

83　様々な働き方（男女の分担、高齢者の就業）

近年、女性の社会進出が進みつつあるが、家族における夫と妻の仕事分担も考え直す必要がある。昔は、夫はソトの仕事でカネを稼ぎ、妻は家事でウチを守るという分担が多く見られたが、ソトとウチの分担割合は、夫と妻が相談して任意に決めればよいことである。例えば、月水金は夫がソト妻はウチ、火木土は妻がソト夫はウチというような決め方も可能だろう。その場合、働き場所（企業など）でそれに対応する仕組みを整えなければならない。夫が働く職場では、月水金に出勤する夫と組になって火木土に出勤する人が必要になる。これは煩雑なようだが、オランダなどを参考に検討してみる価値がある（少し古い本だが長坂寿久『オランダモデル』、日経新聞社2000年4月参照）。

夫と妻の分担について上の例はほんの一例にすぎず、様々なやり方があるだろう。中には、夫も妻もソトで働き、ウチ（家事）はホームヘルパーにゆだね、子供は保育園に預けるというやり方もあるかもしれない。しかし、ウチの仕事の中で非常に重要な子育てや食事準備については、他人にゆだねるのには限界があり、家庭の中で家族でなければできないこともあるように思う。なお、夫も妻もソトで働き、子供をもうけない家庭（DINKs）と、子供を抱えるシングルインカムの家庭とは経済的に格差ができる。格差を埋めるため、教育費については公的負担にするのが望ましいのではないだろうか。

現在、政府の働き方改革の中で、高齢者就労の促進が課題になっているが、定年退職した高齢者が健康の許すかぎりソトで働くことは、生きがいの上でも経済の面でもよいことである。経済の面では、最近の人手不足の解消に資するところがある。体力の点で無理な仕事もあるが、例えば介護現場を取り上げると、介護機器が普及し始めている昨今、高齢者でできることも少なくないだろう。その場合、就労した高齢者に所得が生じれば、支給していた年金は減額できるかという問題が生じる。厳しい年金財政から見れば、減額できれば助かるだろう。しかし、減額するとすれば、働いて減額される人と、働かずに年金をフルに受給する人との間で公平性が保たれるように制度を工夫する必要がある。

仮に将来ベーシック・インカム制度（年金、雇用保険、生活保護など個別対策的な社会保障制度を廃止して、すべての国民に無条件で最低限の生活保障を行なう一元的な制度）が導入されれば、働かなくても最低限の所得は国家から保障され、働けば働いた分だけ比例的に所得は増える。私は、ベーシック・インカムは望ましい制度だと思うが、それが実現すれば、就労した高齢者の所得は働いた分だけ増えることになる。

いずれにせよ、労働力確保、国家財政、社会保障、人々の生きがいなどを総合的に考慮し、整合的な制度を設計することが肝要である。

84　ＡＩ（人工知能）と失業

科学技術の進歩はめざましく、中でもＩＣＴ（情報通信技術）は指数関数的な進歩を遂げている。最近ではＡＩ（人工知能）に注目すべきだが、それは便利さの反面、人間から仕事を奪ってしまわないかという不安を与えている。

歴史を振り返ると、産業革命以降まず肉体労働が機械に置き換えられ、次いで20世紀後半には事務労働がコンピューター、パソコンに移され、現在は頭脳労働がＡＩにゆだねられようとしている。最後の砦である頭脳労働までも機械に移れば、人間はどうなるのか？それに対して、一方では失業を懸念する声があり、他方では機械化が進んでも次々と新しい仕事が生まれる上、人間でなければできない仕事もあるから心配はいらないという見解がある。

しかし、仕事が無くなるかどうかを問題にするよりも、機械化により人間が楽になり自由時間が増えることを率直に喜ぶべきではないか。機械による失業は、社会の中でワークシェアリングなどによって調整すればよいだけである。科学技術の進歩により人間の生き方、社会のあり方が変わるのは必然であり、そのことをよく認識すべきである。大騒ぎすることではない。

仮にＡＩ化・機械化があらゆる分野で「一様に」進むならば、皆が楽になる。どの分野でも労働時間が減り、誰もが余暇を楽しめるようになる。だが、一様に進まないいのが普通であり、その場合ヒト不足の分野があれば、ＡＩ導入で浮いたヒトをそこへ回せばよい。簡単に言うようだが、これは組織（企業や官庁）の中ではよくやってきたことで、それを社会全体に拡げればよいのである。労働流動性の問題（転職の困難さ）はあるが、克服できないことはない。

ＡＩ化が一様に進まず、しかもＡＩ化で余ったヒトを受け入れるヒト不足分野が無いなら、どうなるか？　ワークシェアリングをすればよい。その場合、ＡＩ導入でヒト余りが生じた企業の中だけで対応できる時と、そうでない時とがある。前者は、労働時間短縮（時短）をするのと同じになる。後者は、ＡＩ導入企業が厳しい競争にさらされて余ったヒトをリストラせざるをえない時で、その場合は社会全体でワークシェアリングを進めるほかない。現実には、この場合が多いと思われるが、そこではワークシェアリングの受け皿になる企業に対して国家による支援が必要となるだろう。

今後、ＡＩなど機械化により大幅に仕事が無くなることが予測される中では、働き方・労働の制度、そして所得配分の制度自体を根本的に見直す必要がある。ベーシック・インカム制度導入も一案であり、生活に必要な基本的な所得は全国民に保障し、それ以上については、さらなる所得増加を求めて働くか、自由時間の増加を求めるかは、個人の選択にまかせればよい。ＡＩは、仕事のあり方、人間社会のあり方を根源的に問うていると言えよう。

85 おカネが出てくる魔法のポケット

いくらでもおカネの出てくる魔法のポケットがあればどんなにいいだろう、と夢想したことは無いだろうか？　実は、原理的には存在するのである。ただし、そのおカネを他人が受け取ってくれれば、という前提付きの話である。他の人が受け取るのは、その人が何か買う時にそのおカネが使えると信じるからだが、普通は私的に発行したお金が支払いに使えるとは誰も信じていないだろう。しかし、支払いにあてられると信じられれば、おカネ（貨幣）として通用するはずであり、この「信じられること」（信用）にこそ『貨幣の本質』がある。

では、どんな場合に「信じられる」だろうか？　貨幣を発行した主体に信用がある場合がそれで、通常それは国家である。我々は、国家が発行した貨幣なら信用して受け取り、それをモノを買う時に支払いにあてる。

わが国の国家財政は長年赤字を続けている。だが、個人の家計とは異なり、国家は貨幣を発行できるから、赤字でも事業を進めることができる。しかし、人々に信用されていることをよいことにして貨幣を野放図に発行する誘惑に負けてはならない。貨幣発行には節度が求められる。野放図な発行は、放漫財政になってムダなことにおカネが使われたり、インフレさらにはハイパーインフレを招いたりする。また、マネーゲームに流れて経済をかく乱することもあるだろう。

国家以外でも、人々に信用されれば、貨幣の発行主体になれる。Ｆ・Ａ・ハイエクは、民間機関に貨幣発行の自由を認めて発行主体に競争させれば、最善の貨幣が勝ち残るはずだと主張している。近年、ビットコインをはじめ仮想通貨が使われ始めているが、これも同様に解釈できるだろう。

貨幣が生まれるルートとしては「信用創造」も重要である。我々は銀行に置いた預金口座から引き出して支払いにあてるが、これが預金通貨である。銀行は預金をもとに貸付を行ない、貸付を受けた側はそれを必要な時まで預金しておくので、預金通貨は増える。このようにして、信用（通貨、貨幣）が創造される。

ところで、魔法のポケットはもう一つある。おカネを持つということが購買力を持つということならば、購買力はおカネを発行しなくても得られる。バブルになって不動産や株式が値上がりすれば、濡れ手に粟のように莫大な利益（購買力）がころがりこむ。ここでは、値上がり分だけおカネを発行したのと同じ効果を持つのである。また、高付加価値化は企業にとって重要な戦略であるが、一部のブランド品など、なぜそれほど高く売れるのかわからないような場合もある。これも、バブル時における値上がり益のように「無から有を生む」ような話であり、おカネを発行するのと同じだと考えられよう。

魔法のポケットは確かに魅力的である。しかし、それは空想の域に止めておいて、個人においては地道に生きてゆくのが基本なのであろうか。

86 貨幣（カネ）対実物（モノ）

企業は製品（モノ）を売ってカネを受け取り、カネを支払って原材料などモノを買う。これを見れば、モノとカネは逆向きに流れるのがわかる。また、事業を営むにはカネが必要で、金融機関から借りたカネを使う。金融は事業（実物経済）のための手段であり、ここでも金融（カネ）と実物経済（モノの生産供給）は対比的にとらえることができる。

カネは何とでも交換できる。それは、人々がモノと交換にカネを受け取った時、そのカネは何を買うにも使えると信じているからこそ可能なのであり、そこにカネ（貨幣）の本質がある。この点で、他のすべてのモノ（実物）とは異なる。今では、キャッシュ（紙幣や硬貨）だけでなく、銀行口座の記録も貨幣であり、次第に後者だけを使って取引が行なわれるキャッシュレス社会に向かっている。貨幣はそれ自体は使用価値は持たず、交換（支払い）に使えるだけである。

ここまで見たところでは、貨幣（カネ）と実物（モノ）は正反対のもののように見える。しかし、昔はモノが貨幣として使われた。太古までさかのぼれば貝がらなどが貨幣として使われていたし、近世には金（ゴールド）が貨幣であった。今でも、稀に物々交換がなされるが、そこではモノが貨幣として機能する。貨幣と実物とは正反対のものではないのである。また、先に貨幣は使用価値がゼロだと言ったが、貝殻は器として使えるし、金貨は鋳つぶして使うこともできる。貨幣と実物とは対比的ではなく、連続的にとらえるのが妥当である。

さらに、貸借対照表においては、貨幣と実物はいずれも左側（借方）に記載される資産である。他のモノとどれほど容易に交換できるか（流動性）という点では相違があるが、それも程度の差であり、いずれも資産としては変わりはないのである。

貸借対照表の右側（貸方）は資産がどこから来たか（出所）を示すが、出所は自己が提供したか（自己資本）、他人から借りたか（他人資本）のいずれかである。いま仮に、自宅の裏で露天掘りの鉱物を掘り出したり、海辺で拾った貝がらで装飾品を作ったりしたとすれば、それら鉱物や装飾品は資産として計上され、その出所は自己資本と見てよい。さらに、貝殻が貨幣として使われれば、貨幣を自己が創り出したことになる。無から有を創るような話である。現代の貨幣は国家が独占的に発行しており、そうした貨幣（通貨）の発行権はシニョリッジと呼ばれている。使用価値の無い電子マネーに移行すれば、ますます無から有を生み出すことになる。

貨幣と実物とは、いずれも資産であり、対比的ではなく連続的にとらえるべきだと言ったが、使用価値の無い貨幣を過度に増やすことは危険である。貨幣は食べられないし、着ることもできないからである。

87　使用価値を基準にした「もったいなさ」

もったいない、惜しいと思うのは、どんな基準によってだろうか？　過当競争の結果投げ売りされたモノを安く手に入れた時、それがまだまだ使えるモノなら捨てるのはもったいないと思うだろう。また、たとえ安いモノでも、誰かが汗水たらして作った重宝なモノはもったいなくて捨てられない。これらは、いくらで買えるかという交換価値は低いが、使えるかどうかという使用価値は高い場合であり、使用価値を基準にもったいなさを判断しているのである。

逆に、交換価値は高いが使用価値は低い場合もある。高価なブランド品が典型例であり、使用価値は廉価品と同程度しか無くても、それを紛失すればもったいないことをしたと思うだろう。ここでもったいないと思うのはたくさんおカネを出して買った高価なモノを失ったからであり、もったいなさの判断基準は交換価値である。

このように、もったいなさの基準は使用価値である時もあれば、交換価値である時もある。しかし、今日我々は貨幣経済の中で生きており、そこでは基本的に交換価値が判断基準になっている。とりわけ、経済活動、企業経営においては交換価値がもっぱら判断基準となる。

それは経済の面では合理的だと考えられているが、他の面では合理的でないこともある。特に、資源・環境の面からは問題がある。例えば、経済の世界では（1）充分に使うことができても（使用価値はあっても）、安い（交換価値の低い）資材は使い捨てにする。（2）修理すればまだ使える機器でも、新品が安ければ新品を買う。（3）物理的耐用年数（まだ使えるかどうか）によってではなく、経済的耐用年数（ライバルとの新鋭設備競争に勝てるか）によって使用価値のある設備や建物もスクラップ・アンド・ビルドしてしまう。（4）価格を維持するためには、せっかくつくったモノでもあえて廃棄して供給量をしぼる。といったことはよく見られるが、これらが資源浪費、環境破壊をもたらすことは言うまでもない。

交換価値を基準にするという時、その最たるものは貨幣である。1万円札を落とした時、しまったと思う。しかし、1万円札はただの紙切れで、それ自体は何にも使えない。使用価値はほぼゼロで、紙幣の価値は額面額だけの交換価値だけである。また、モノが消失した時、保険金がもらえればそれでよしと考える。火災にあって「焼け太り」で得をしたということもある。これらは交換価値、カネの基準ではなるほど合理的であるが、モノ、資源が失われたことを忘れるべきではない。

交換価値、カネを基準とするだけでなく、使用価値、モノの基準もあわせて考えることが大切である。

88　貨幣経済と実物経済

我々は貨幣経済の下で生きており、現代の経済は貨幣無しでは動かないほど貨幣は重要な役割を果たしている。しかし、問題点もある。実物経済と対比しながら、貨幣経済の基本的問題点を、①使用価値対交換価値、②物量対金額の点から考えてみよう。

（1）使用価値（使えるかどうか）を基準にする実物経済とは異なり、貨幣経済は交換価値（いくらで売り買いできるか）を基準に動く。貨幣経済下では、使用価値があっても交換価値の低いモノは大事にされない。安い衣服は使い捨てにし、安い電気製品は修理せず廃棄して新品を買う。これはもったいないことで、資源浪費・環境破壊につながる。また、貨幣経済下では、企業はいかに高付加価値化し交換価値を上げるかに腐心する。その行動は、利益を上げるには合理的だが、資源・環境的には非合理的な面もある。高付加価値品の原材料費や輸送費は相対的に割安になり大量消費されるからである（例えば高く売れる高付加価値品なら燃料を大量消費する航空機で高い運賃を払って輸送しても引き合う）。

両極端を考えると、タダで得られる空気は交換価値はゼロで使用価値だけを持つが、貨幣（銀行口座残高）が持つのは交換価値だけで使用価値はゼロである。貨幣経済下では貨幣が最重要視されるが、言うまでも無く空気無しには人は生きられない。ギリシャ神話のミダス王は、触れるモノすべてを黄金に変える魔力を手に入れたが、手に取った食べ物まで黄金に化して飢えに苦しめられた。現代のマネーゲームによる金持ちを見ると、ミダス王の逸話を思い出す。
（2）物量で動く実物経済に対して、貨幣経済は金額で動く。企業の売上高や利益、国家のGDPや予算はすべて金額で表示され金額で考えられる。しかし、物量で考えることも重要である。特に天災時など異常時においては物量での対応（衣食住、ライフラインなどの確保）が決め手になる。
経済不調は、農業社会ではモノ欠乏（例えば飢饉）であったが、市場経済下の現代はモノが過剰で売れなくて困るのが経済不調である。現代は生活必需品（衣食住）は充分にある（少なくとも生産できる）と思われる。にもかかわらず生活困窮者が出る。しかし、困窮者への対応は実物、物量で考えれば充分に可能なのではないか。不足している必需品を困窮者に「直接」回せばよいのである。天災の被災者を救済する時と同様である。

失業に関しても、人の余った所から足りない所に回せばよい（ワークシェアリング）。これは員数で考えており物量思考である。農業社会では物量思考でやりくりしていて、失業は無かった。仮に人手不足の所が無いなら、社会全体ですべき仕事が無くなっているわけで、皆の自由時間はそれだけ増える。まことにありがたい。貨幣、金額だけでなく実物、物量で思考することも重要である。

89　実物経済本位（貨幣は手段）

我々が生活のために必要とするのは、つまるところモノ（実物）である。ただし、私はここではモノにサービスを含めている。サービスには理髪やカラオケから教育や医療に至るまで様々なモノがある。とにかく、生活に必要なのは、結局はモノである。ミダス王の逸話を思い浮かべればよくわかるように、カネがいくらあっても生きてゆけないこともある。

必要なのはモノだと言う時、その数量（物量）が問題となる（金額ではなく）。食料が何トン、衣服が何枚、機械が何台必要だとか、あるいは工場作業員が何人、医師が何人必要だとかいうように。

また、必要なモノについては、その使用価値が問題となる。いくらで売ったり買ったりできるかを示す交換価値（市場価値）とは異なり、使用価値は使えるか、役に立つかを示すが、我々がモノを必要とする時、そのモノの使用価値が問われるのである。

ここまで、生活の必要に応えるのは究極的にはモノ（実物）であり、その物量、使用価値が問題だと述べたが、このことが特に鮮明に表れるのは、非常時においてである。災害時や戦時においては、事態に対応できるだけのモノが用意できるかが決め手となる。昨年（２０２０年春）来の感染症（新型コロナウイルス）流行の中でも、マスク、病院のベッド、医療従事者などの数量・人数が問題となり、現在（２０２１年春）はワクチンの本数確保が課題となっている。

さて、究極的に必要なのがモノなら、モノであふれるほど豊かな現代社会に悩みは無いのか？　現代の不況は、モノが売れずに困ることである。だが、飢饉のようにモノが無くて生きられないのではない。モノが余るほどなのに、なぜ困るのか？　また、現代は豊かな社会が実現しているが、生活に困る人がいる。こうした「豊富の中の貧困」はなぜ起こるのか？　モノ（実物）を基準に考えると、不思議に思える。市場経済、貨幣経済の仕組みがもたらす現象なのだろう。

とは言え、貨幣が発明されて以降、経済は飛躍的に発展した。貨幣が無ければ交換（売買）が円滑に進まない。物々交換では交換の輪が拡がらない。また、貨幣が無ければ富の蓄積や、資金の融通（金融）もできないから、大きな事業を展開できない。さらに、貨幣（交換価値）を尺度にしなければ経営が黒字かどうかの判定もできない。貨幣により、経済が活発に回って、ここまで豊かな社会になったのである。

本エッセイでは、実物経済の重要性を訴えたかったのだが、それは貨幣の重要性を否定するものではない。貨幣経済の行き過ぎ（マネーゲームの横行）を改めるとともに、貨幣・金融はあくまで実物経済の「手段」であることを再認識すべきだと言いたかっただけである。

90　貨幣経済化の行き過ぎ（実物・実業本位へ）

貨幣が発明されなければ、人類の経済はこれほど発展しなかっただろう。もはや我々は、貨幣無しでは経済活動も日常生活もできない。しかし現在、貨幣経済化は行き過ぎてはいないだろうか？

企業は地道に実業に打ち込むよりは投資（財テク）により利益をあげようとする傾向がある。実業（必要なモノの生産供給）は他者に任せ、他者の事業に投資したり、会社の売り買い（M＄A）をしたりして儲けようとするのである。また、手っ取り早く証券に直接投資することも盛んである。儲けるという点からだけ見れば、これほど合理的なことはない。だが、経済とは、ひいては企業の目的とは元来何だろう？　人々が必要とするモノ（実物）を生産供給することではないのか？　そうならば、投資（金融一般）はそのための手段のはずである。経済の原点に戻り実物・実業本位の姿勢を取り戻してほしいと思う。

個人も「貯蓄から投資へ」という掛け声のもとで、投資・投機に走り収入を増やそうとしている。間接金融（貯蓄）から直接金融（投資）に移行する背景にはそれなりの理由もあるが、個人にとっては地道に仕事をすることが基本ではないのか？　金融商品が非常に多様化し、カネでカネを買う（例えば円で外貨を買う）ことが容易になる中で、デイ・トレーディングをする人まで出ているが、健全な姿だとは思えない。また、個人の老後生活を安定的に保障するはずの年金基金においても、リスクの大きい株式運用が増えているが、危うい話である。

このような貨幣経済化は20世紀末から急速に進んだが、その中で貨幣（マネー）が実体経済を振り回すことが起こるようになった。リーマン危機、アジア通貨危機など10年を置かず、マネーの動きを引き金にして経済危機が起こっている。在庫の過剰や、設備投資需要の一巡のように実物の需給不均衡によって起こる景気循環とは性格が異なる。マネーの横暴は制御しなければならない。

経済危機に対して政府は貨幣的に対応している。わが国ではデフレを克服するためと称して過去5年間に通貨量を何倍にも積み上げてきた。しかし、これは劇症インフレ、国債暴落、金利急騰といった危険をはらむだけでなく、マネーゲームに資金が流れて経済をギャンブル化し、国家によるシニョリッジ享受の濫用にもつながる。貨幣が価値を持つのは、人々がそれを使えると信じているからこそであり、いったん信用を失えば貨幣はただの紙くずと化し、何も買えなくなる。もともと貨幣には使用価値も素材価値も無い。貨幣を持っていても必要なモノ（実物）が買えなければ何にもならない。ミダス王の金と同じである。経済運営においては、実体経済、実物ベースでの需給調整、そして産業・業種分野ごとのきめ細かい計画的調整が要請されている。実体経済、実物本位の経済を根本に据え、貨幣はあくまで手段として利用すべきではないだろうか。

91　タイト・ロープ上のわが国財政・金融

今日のわが国の財政、金融にはタイト・ロープ上の綱渡りを見ているような不安を覚える。国家財政は赤字で予算の1／3は借金（国債）に依存。国債は国内で消化できているから大丈夫だと言われるが、市中銀行が買った国債を買いオペにより日銀が買い入れているから、実質的には日銀が引き受けているのと同じ。日銀の通貨発行高（マネタリーベース）は安倍政権が発足した2012年以降毎年平均約80兆円発行され、2019年には500兆円を超えた。これ無くして財政はもたないが、仮に国債が消化できず暴落して金利が急騰すれば、国債費（利払い）は激増して財政はさらに悪化。国債の保有者、利子を支払う債務者には大打撃が必至。近年の通貨の大増発、2000年以降続くゼロに近い預金金利は異例中の異例である。どこまでタイト・ロープは続くのか？

著増した通貨が実物経済に向かえば、物価が上がり景気がよくなるはずだが、通貨は日銀当座預金として滞留（約400兆円）しており、物価はさほど上がっていない。一方で証券投資には向かっていて、平均株価は最近5年間（2018年秋時点）で2倍以上に上がっている。通貨増発は、財政を支え超低金利を維持するとともに、株価引き上げにも寄与しているのである。2000年前後から進んだアメリカ型の経済、経営方式の導入により、株価は、政府にとっても企業にとっても最重要な経済指標となった。政府にとって、株価は、政権の維持のための生命線の一つである。最近は、年金基金や日銀も証券投資に資金を投入。年金基金は安定を旨とするが、今や基金の半ばを証券投資に回しており、たえず株価下落の不安を抱えている。企業にとっても、株価は、時価総額とともに出資者から信任を得るための成績表である。しかし、株価に振り回されれば経営に長期的視野を欠くなどの問題が生じる（本稿は２０２０年9月に執筆）。

以上、国家財政の赤字、通貨の大増発、株価依拠の経済・経営にまつわる不安についてまとめた。では、不安の源流はどこから来ているか？　財政赤字については、社会福祉（主に年金）の負担増が大きい。年金は、人口高齢化とともに賦課方式（その時代の就業者が年金受給者を支える）が成り立たなくなって破綻しかけているのだが、弥縫策ではなく抜本策を講じる必要がある。例えば、年金受給高齢者が働けるようにすれば、年金支給額を減らせるだけでなく、現在の人手不足の解消もできて一石二鳥になるだろう。株価依拠経済・経営の不安定については、アメリカ型経済・経営方式への急転向がかかわっている。日本的方式の問題点、例えば、年功序列・終身雇用や、銀行系列の閉鎖的経営などは是正しなければならなかったにせよ、美点であるところの雇用の確保、チームワークのよさ、三方よしの姿勢などはもっと残す努力をしてもよかった。今からでも株主本位の行き過ぎなどは改める必要があるだろう。

92　金利生活

金利（利息や配当）だけで生活できれば、どんなに楽なことだろう。うらやましい話だ。ところが、わが国は国全体では、それが実現しているのである。わが国は高度成長時代を通じて貿易黒字を続けて営々と対外資産を蓄え、今では海外から毎年巨額の金利収入を得るようになっている。

金利生活が成り立つのは、投資先あってのことである。現状は世界全体を見れば、開発途上地域が残っているから、まだ投資先はある。しかし、どこも豊かになって投資先が無くなれば、金利を支払ってくれる所が無くなり、金利生活は成り立たなくなる。

わが国は高度成長を経て世界でも有数の豊かな国になったため、国内の投資先は少なくなっている。投資先が少ないということは、おカネの需要が供給に比べて少ないということを意味し、その結果、おカネの価格である金利は、何十年にもわたりほぼゼロにまで下がっている。

こうした中で、政府も企業も成長促進に躍起になっている。成長すれば、投資先は増える。しかし、すでに豊かさを実現した社会では、それほど成長は望めないはずである。もちろん、ＩＣＴやバイオなどのような成長分野はあるが、ここで言っているのは、総じて見た場合であり、それを無理して「とにかく成長を」と言うのでは、地球温暖化など弊害が避けられない。

政府は、成長促進とともに、金融の効率化をはかり「貯蓄から投資へ」という政策を進めている。近年は、技術開発の進展が急速で、消費者の好みの変化も目まぐるしいため、企業にとってリスクが大きくなっている。そうした環境下では、企業にとっては銀行から借り入れるより株式発行によってお金を調達する方が好都合である。株式ならば、借入のように決まった金利の支払いや、元金の返済をする必要がないからである。これが「貯蓄（銀行借入）から投資（株式発行）へ」、リスクマネーの供給という政策の背景にある。

しかし、急速な技術進歩への対処はさておき、消費者動向の移ろいやすさについてはどうか？　そもそも、経済とは人々の生活の必要に応えることであり、具体的には衣食住、育児・教育、医療・介護、教養・娯楽にわたって必要とされるモノを供給することである。これら必需的・基本的需要は、さほど移ろいやすいとは思えない。とすれば、別にリスクマネーでなくてよい。株式の割合が増えて以降、企業の経営も、全体の景気も株価に振り回されるなど弊害が目に余る。

原点にもどって、豊かな社会になれば、成長しなくても当然である。また、成長の中身として移ろいやすいモノ、流行をつくり使い捨てをあおるようモノを求め、そのためリスクマネーを増やすというのは大いに問題である。我々は、そもそも、経済とは何かという原点から、物事を考えるべきではないか。

93 金融の原点、新種の金融商品

20世紀末以降金融の世界は大きく変わった。産業構造の中での金融分野の増大、金融の自由化（銀行・証券・保険の垣根喪失、金利自由化など）、間接金融から直接金融への移行、金融事業のグローバル展開が進むとともに、金融の方法・技術においても、ＩＣＴや数学の活用を通じて長足の進歩が見られる。

金融の方法・技術に関しては、従来の貸付、株式、社債、信託に加えて、デリバティブ、証券化、新種保険（変額保険など）が普及し、多様な金融商品が取引されるようになった。デリバティブ（Derivative、金融派生商品）では、オプション、スワップ、先物という手法が用いられ、経済活動円滑化に貢献している。

また、証券化は、１９７０年にアメリカの公的金融機関ＧＮＭＡ（ジニーメイ）が発行したＲＭＢＳ（Residential Mortgage Backed Securities、モーゲージ担保証券）を嚆矢とするが、その後、ローン返済金（キャッシュフロー）を単純に発行証券の支払いにあてる（パススルー）ＲＭＢＳとは異なり、別々のキャッシュフローを持つ複数の証券に分解して切り売りするＣＷＯ（Collateralized Mortgage Obligation、モーゲージ証券担保債務証書）が開発されるなど様々な手法が編み出された。今では、自動車ローン、リース債権をはじめ幅広い領域で証券化が行なわれており、信用リスクをカバーするＣＤＳ（Credit Default Swap）や、災害リスクに備えたＣＡＴ債権（Catastrophe Bond）など多様なニーズに応えるような証券化が登場している。

さて、経済が成長・成熟し産業構造が高度化するとともに、金融分野のウェイトが増すことは自然な流れであり、一方、金融の方法・技術が進化することは望ましいことである。しかし、金融の原点は忘れてはならない。金融の原点は、資金の余っている所から足りない所へ資金を流すことにより、設備投資や消費が円滑に行なえるようにするとともに、リスクのヘッジや移転を通じてリスクをコントロールできるようにすることである。前者は、資金に余裕のある投資家には投資機会を、一方、資金を必要とする事業家、消費者には資金調達先を提供することになる。後者のリスクコントロールは、デリバティブ、証券化の技術進歩により著しく進歩している。もちろん、金融技術への過信は禁物で、2008年のリーマン危機のようなことは繰り返してはならない。

また、金融の原点から離れて、財テクやデイ・トレード（Day Trade）にうつつを抜かすような、浮利を追う行為はいただけない。金融は実業に役立てるもので、あくまで実物経済の手段である。この原点さえ忘れなければ、金利収入を不労所得として非難はできない。現在、ほぼゼロ金利が続いているが、資金の需給ではなく、仮に政策的に抑えられているのなら、それは問題だと思う。過去の蓄積を実物経済に役立てているなら、その報酬は与えられて当然だからである。

94　投機（マネーゲーム）

　投機は射幸心を満たしてくれる。我々には多かれ少なかれ大儲けしたいという気持ちがあり、投機はそのような願望に応えてくれるのである。のみならず、投機はヘッジや相場安定にも役立つ。ヘッジ（リスク回避）は、例えば3か月先に或る原料を必要とする企業が原料価格の値上がりを予測した時、もし現在の価格で購入する契約を結ぶことができれば、値上がりリスクを回避できる。その場合、3か月後には逆に値下がりすると予測している投機家がいれば、3か月後に現在の価格で売買する先物契約が成立して、ヘッジが可能になるのである。また、この例でもわかるように、将来の価格予想が人により異なれば、売りまたは買いの一方に片寄ることが無くなり相場は安定する。

　以上、投機の機能を挙げてみた。しかし、行き過ぎには注意しなければならない。個人のレベルでは投機（マネーゲーム）には余裕資金を充てるべきで、生活資金まで手を付けるべきではない。また国家のレベルでは、年金基金の半分以上が証券投資に充てられているのが現状だが、年金基金は年金生活者の生活資金であるから、高リスクの証券投資に充てることには問題がある。

　もう一つ、経済の原点を忘れるべきではない。経済とは元来我々が生活に必要とするモノを生産供給することである。そうした原点から見れば、企業が財テクに走ったり個人がデイ・トレード（Day Trade）に依存したりするのは健全な姿とは言えない。企業は虚業ではなく実業により、また個人は地道に働いて所得を得るのが本来の姿だと思う。

　昨今、わが国では株高が続いているが、成熟（低成長）段階に入っている経済から見て株だけ値上がりするのは異常である。カネ余りが続き、実物経済で投資先が見つからないカネが株に向かっているのであろうが、政府は適切な金融政策、経済政策を採る必要がある。世界的に見ても、カネ余り状況が続いており、外国為替取引においては投機が9割を占めている。そうした中で、２００８年のリーマン危機のような事態の再来を避けるとともに、投機が実物経済を振り回すような本末転倒が起こらないようにしなければならない。

　リーマン危機の時リーマンの社債発行残高は１５５０億ドルであったが、保険会社のＣＤＳ（Credit Default Swap）発行額は４０００億ドル以上に上った。リーマンの社債保有者の保険としてのＣＤＳ契約ではなくて、単なる投機（ギャンブル）としての契約が２５００億ドルもあったことになる。奇異な話である。

　また、値上がりだけを狙ってマンションを買ったり、絵画に投資したりすることも見られる。前者では、マンション価格が高騰して本当にマンションに住みたい人は手が出ないようになり、後者では、名画が死蔵されて一般の人が鑑賞できなくなることにもなる。考えさせられる話ではなかろうか。

95　企業の目的

よく企業の目的は利益追求だと言われる。だが、私はそうは思わない。かく言えば、何と常識外れだと笑われるだろう。しかし、次のように考えられないか？

私は、企業の目的は社会的分業システムの中で受け持つ役割を果たすことだと思う。企業も、他の様々な機関（行政機関、学校、病院など）も、そして諸個人も社会的分業システムを構成しており、その中で一定の役割を担い、お互いが生活してゆけるように働いている。我々は自給自足するのではなく、分業により生活に必要なモノを生産し、生産したモノを交換して生活しており、そうした社会的分業システムの中で受け持った役割をいかによく果たすかが問われる。企業の場合、役割は何らかのモノ、サービスを生産供給することであり、それを立派に果たすところに存在意義がある。そこで、私は、社会的分業システムの中で役割を果たすことを目的と捉えるのである。

もちろん、赤字にならないように利益はあげねばならない。しかし、利益の追求を目的にすれば、社会的分業システムにおける役割遂行（何らかのモノの生産供給）が手段になってしまい、極端な場合、何をしても利益さえあがればよいという姿勢を生む危険が生まれる。

また、何を目的にするかは個人の自由であるから、利益追求を目的にして何が悪いのか、という見方もある。しかし、企業にせよ個人にせよ、社会の中で互いに係わり合う社会的存在（社会の一員）であるから、自己の利益だけでなく他者のことも考えに入れることを求められる。自己の都合だけで行動してよいわけではない。

さらに、各人が自己の利益だけ追求しても、市場（需給原理）により自動的に調整されて社会全体としてもうまくゆくとする見方が、経済学には根強い。しかし、そうは問屋がおろさない。市場の働きには限界があるうえ（本書『4「神の見えざる手」（需給原理）の問題点』参照）、環境破壊や種々の社会問題が引き起こされている現状から見ても、それは明らかである。

ところで、企業以外の機関の目的を見てみれば、どうだろうか？　例えば、行政機関、学校、病院の目的は、それぞれ、行政サービス提供、教育、医療である。各機関が社会的分業システムの中で果たす役割が目的だとされている。どうして、企業だけはそうではないのか？　私は、企業の目的も社会的分業システムの中で受け持つ役割だと捉えるべきだと思う。

近年、「社会的企業」（Social Enterprise）と呼ばれる企業が登場している。形態は普通の企業と同じく株式会社だが、目的は何らかの社会的役割を果たし社会に寄与することとしている。このことから見ても、一般の企業の目的をひたすら利益を追求することと考えるのはおかしいと思う。

96　ＮＰＯと企業はどこまで異なるか？

ＮＰＯと企業とは正反対のものだと見るのが常識だと思う。ＮＰＯはNon-Profit Organizationの略語で非営利組織のことだから、営利的に活動する企業とは正反対の存在だというわけである。しかし、果たしてそうだろうか？

ＮＰＯは、社会の中で重要で有意義だと考えられる事業を行なう。それがＮＰＯの目的であり、そこで儲けようとはしない。一方、企業は儲かる見込みのある事業を手掛ける。事業は利益を上げるための手段であり、利益追求が目的だと考えられている。また、企業は利益が出れば、出資者に分配（配当）するが、ＮＰＯは仮に黒字が大きくなってもどこへも分配することはない。元来ＮＰＯは寄付行為により創設されるもので、企業の株主のような出資者はいない。

以上のように見てくれば、ＮＰＯと企業は確かに全く異なるもののように見える。しかし、それは法律制度上の違いだけで、実際には正反対のものだとは思えない。ＮＰＯは利益を目的とはしないが、収支は無視できない。赤字になれば存続が危うくなる。逆に、企業はふつう利益追求が目的だと考えられているが、利益一辺倒になることはできない。事業の社会的意義を考慮しなければ、社会の支持を失うし、自らも矜持を持てなくなる。また、出資者への利益分配については、将来の発展を考えて社内に留保する必要がある。すべてを株主に分配してしまうわけにはゆかない。そして、内部留保された利益は、儲けの蓄積というより「将来の費用」という性格を持つ。留保は将来必要な時に事業のために使われるからである。このように、よく見てみれば、ＮＰＯと企業は正反対の存在ではなく、程度の差で捉えるべきだと思う。

最近、社会的企業（Social Enterprise）が盛んになってきている。これは、ＮＰＯと企業のいずれに含まれるかと言えば企業である。法的にも株式会社形態をとっているものが多い。だが、社会的企業は利益追求を目的とするのではなく、社会的意義ある事業をすることを第一義とする。このような形態の企業の登場を見ても、ＮＰＯと企業は連続線上で捉えるべきことがわかるだろう。

ＮＰＯについて、もう少し言えば、二つに分ける方がよいと思う。それは、①大部分の成員がそこから生活の糧を得ているＮＰＯと、②ボランティアを主な成員とするＮＰＯとである。①には学校、病院、博物館など古くからあるＮＰＯと、福祉、介護、リサイクルなど比較的新しいＮＰＯが含まれる。①は、人件費を賄うだけの収益をあげねばならず、企業に近い性格を持つ。

企業は、利益だけでなく、事業の社会的意義を大切にせねばならないと述べたが、そこから『企業の目的は何か』という問題に行き着く。企業の目的は利益追求ではなく、社会の中で必要とされるモノを供給して社会的役割を果たすことだと私は考えている。そのように考えれば、ＮＰＯと通じるものがある。

97 公益事業は死語か？

最近、公益事業という言葉はあまり聞かなくなった。公益事業とは、電力、ガス、水道、電鉄、通信、郵便などの事業を指す言葉であるが、20世紀末頃から民営化や自由化が進められて、競争場裏に置かれるようになり、一般企業に近づいたため、公益事業として区別されることが少なくなったからであろう。

しかし、上記の事業はいずれも我々の生活の土台を支える事業（いわゆるライフライン）であり、公益性が強いことには変わりはない。その公益事業が、昨今、相次いで不祥事を引き起こしている。日本郵政傘下のかんぽ生命保険では、高齢者に不要な保険契約を結ばせたようである。また、関西電力では、原子力発電所の工事受注をめぐって不適切な金品のやり取りがあったと言われている。いずれも事実関係を詳しく検証してみなければ、真相はわからないが、公益事業としての自覚はどこへ行ったのか不安にさせられる。

公益性がさほど言われなくなった背景には、20世紀末頃から経営の仕方が急速に変わってきたことがある。従来は「会社は皆のもの」という日本的経営方式が普通であったが、今では「会社は株主のもの」であり株主のために利益追求するのが当然だというアメリカ的経営方式が優勢になっている。なるほど、会社は利益をあげなければ成り立たない。しかし、陸続する不祥事を見るにつけて思うのは、会社が行き過ぎて利益一点張りになったり、経営者が個人的利益の追求に走ったりすることが起きているのではないかということである。

公益性が重要なのは、公益事業に限らない。一般の事業は、公益事業ほどには生活に不可欠で、大規模な設備を要する事業とは言えないが、それでも多かれ少なかれ公益性は求められる。そもそも、企業は社会的分業システムの中で何らかの役割（製品、サービスの供給）を果たす存在であり、引き受けた役割をいかに「よく」果たすかをめぐって競争する。利益は確保しなければならないが、一方で、環境保護、製品安全、従業員福祉などの社会的責任も果たさねばならない。それが、「よく」役割を果たすということであり、公益性も満たすことだと思う。

会社の利益一点張りの姿勢、経営者の個人的利益の追求が横行する昨今、公益性の原義に立ち戻って、私益の反対語としての公益について考えてみる必要がある。それは、利己的利益でなく、他者、社会全体に配慮するということであり、わが国の古くからの理念で言えば「三方よし」の姿勢にあたる。近年は、社会的責任の関連で、ＣＳＲに始まりトリプル・ボトムライン（Triple Bottom line）やＳＤＧｓなど次々と新しい言葉が出てくるが、核心は一つである。核心は、利己主義に陥ることなく、他者、社会全体を考え公益に思いを致すことに尽きる。

公益事業という言葉をもっと使いたいと思う。

98 二つの利益計算式

一般的には企業の目的は利益追求だとされているが、そこでの利益は、

利益＝売上－費用……①

という計算式で求められる。この①式は、売上を増やし費用を減らせば、利益は増えることを示し、さらに可能な限り売上を増やし費用を抑えて利益追求をはかる姿勢と結びつけることもできる。

私は、企業の目的は社会的分業システムの中で『人々が必要とするモノの生産供給』という役割を果たすことだと考えるが、それは式で表せば、

費用＋利益＝売上……②

となる。実は、②式は①式右辺の費用を左辺に移項しただけで、数学的には同じなのだが、社会科学的には意味が全く異なる。②式の左辺は売り手（企業）が役割を果たすために払う犠牲を表し、右辺は買い手（社会）が売り手側の犠牲に対して支払う報酬を表している。売り手は犠牲に見合うだけの報酬を、売上として買い手から受け取るのであり、売り手（企業）の社会に対する貢献（必要なモノの生産供給）と、それに対する買い手（社会）からの報酬はバランスする。

この説明は、②式左辺の費用についてはわかりやすいだろう。費用には人件費、原材料費、設備費、通信費、宣伝費などがあるが、これらはいずれも企業がモノを生産供給する

際に費やす犠牲であり、各費用の背後には企業の役割遂行に対する貢献者が存在する。例えば、人件費の背後には労働者、原材料費の背後には原材料提供者という貢献者がいて、それぞれ企業から貢献に見合う報酬を受け取る。労働者には賃金、原材料提供者には原材料代金がそれにあたる。

左辺の利益についてはどうか？　利益は役員報酬、配当、内部留保に分かれるが、役員報酬は役員（経営者）が提供する経営行為に対する報酬であり、配当は株主が行なう資金提供に対する報酬である。これらは利益があがらねば支払われないというリスクがあり、一般の費用のように確定していない。しかし、相違は確定しているかどうかだけであり、いずれも報酬である点に変わりは無い。

内部留保は、利益から役員報酬と配当を差し引いた残余であり、個人の貯蓄と同じく、将来の発展のために、あるいは不時の備えとして蓄えられるものである。そして、将来取り崩されて使われた時には費用として計上されるから、結局は費用になるのだと言ってよい。このように、利益を構成する役員報酬、配当、内部留保について見てみると、利益も②式左辺の中で費用と同様に捉えてよいのが知られよう。

以上、①式は企業の目的は利益追求だという見方に対応しており、②式は企業の目的は社会的分業システムの中での役割遂行だという見方に対応していることを説明した。二つの式は、見方の違いを如実に反映している。

99　企業は誰のものか？

ひとところ『企業は誰のものか？』というテーマで盛んに議論された。しかし、21世紀に入りアメリカ的経営が取り入れられてからは『企業は株主のものだ』という見方が普通になっている。この見方は、利益、売上、費用の関係を、

利益＝売上－費用……①

と表すのに対応している。①式は売上を増やし費用を抑えて最大限に利益をあげる姿勢を示しており、利益は株主（出資者）と経営者が受け取る。企業（会社）の所有者である株主は、日常の経営は経営者にまかせるのだが、利益があがれば経営者には役員報酬を渡し、将来のための備え（内部留保）をした後に残った利益はすべて自らが配当として受け取る。株主が会社を所有し、労働者、取引先など様々な関係者を利用して、利益を追求する姿を表しているのが①式である。

私は、『企業はみんなのもの』と考える。企業は、株主（出資者）、経営者だけでなく、労働者や、様々な取引先の協力のもとに「社会が必要とするモノの生産供給」という役割を果たす社会的存在である。株主、経営者、労働者、様々な取引先はステークホルダーと呼ばれるが、企業はステークホルダー全員のものと考えられ、この見方からは、利益、売上、費用の関係を表す式は、

費用＋利益＝売上……②

となる。②式の左辺には、企業が社会的分業システムの中で「必要なモノの供給」という役割を果たすために協力し貢献するステークホルダーが登場する。費用の中には労働者と様々な取引先（原材料や部品の提供会社、通信・運送会社、電力・ガス会社、広告会社、金融機関など）が、また利益の中には株主、経営者が入ってくる。企業は役割遂行の報酬を売上という形で受け取るが、それは役割遂行に協力した各ステークホルダーに分配される。例えば、労働者は賃金、部品提供会社は部品代金、電力会社は電力料金、金融機関は利息として報酬を受け取る。経営者、株主に対する報酬はそれぞれ役員報酬、配当である。

企業は株主のものだと言う論者は、株主は会社を所有すると言う。しかし、株主権は所有権ではなく配当請求権と株主総会議決権を主な内容とする権利にすぎない。また、株主に対する報酬（配当）は不確定で賃金や仕入代金などとは異なるが、それは不確定なだけで、報酬としては同じである。株主も、企業の役割遂行に貢献するステークホルダーの一員であり、別格だとは言えない。

社会的分業システムにおいては、企業の他に学校、病院、福祉施設、行政機関などがあるが、それらは誰かの所有物だと考えられているだろうか？　少なくとも行政機関や公立の学校、病院は誰かの所有物ではない。企業も、社会の中で生かされており、社会的役割を果たすことを期待される社会的存在、すなわち「社会の公器」である。それは株主のための利益追求マシーンではない。

100 株主本位資本主義

近年、企業の資金調達が銀行借入から証券（株式）発行に軸足を移す（直接金融化）とともに、株主の力が強くなっている。株主は、企業（会社）の利益が増えて株価が上がることを求めるため、経営者は自社の株価に神経をとがらすようになった。

一般的な説明によれば、株主に認められた株主権は強力で、株主は会社を自由に動かして利益を追求する。具体的には、株主総会で基本方針を決め、日常の運営は経営者に任せて事業を行ない、利益があがれば配当として受け取る。

しかし、会社は株主と経営者だけで動くわけではない。従業員（労働者）や取引先企業との協力のもとに目的を達成する。社会的分業システムの中で人々が必要とする何らかのモノ、サービスを供給することが企業（会社）の目的であるが、その目的を達成するために、様々な関係者が協力する場が会社である。

株主本位の目で見れば、株主が所有者として他の関係者を利用して利益を追求しているように見えるが、そうではない。会社では、様々な関係者が力を合わせ、人々（社会）の必要に応えてモノ、サービスを提供しているのである。

会社は株主の所有物ではなく、様々な関係者（ステークホルダー）が協力してはじめて成立するものという見方からすれば、現在の株主本位には問題がある。会社の経営が株価に振り回されたり、経営陣が自社株式所有により巨額の富を蓄えたりすることに対しては問題視されることがあるが、私は、基本的な問題として株主が利益を追求するために他の関係者（ステークホルダー）を手段として使う点を指摘しておきたい。株主もステークホルダーの一員にすぎず、他のステークホルダーと共に、社会的分業システムの中で役割をはたすために協力するというのが正しい捉え方だと思う。

以上の観点から、現行の制度上の問題として、2点挙げておく。

①会社の意思決定において株主の力が強すぎる。会社は、社会的分業システムに組み込まれて役割（人々が必要とするなモノの生産供給）を果たすことを求められる社会的存在、すなわち「社会の公器」であるから、最高意思決定機関には労働者、地域社会、消費者などの代表を加えることを考えてよい。

②株主の力（株主権）は強力であるのに、その責任は有限である。会社が外部の社会に損害を与えた場合、株主は出資額だけしか責任を負わない（有限責任）。つまり、会社が債務返済や損害賠償を求められた時、株主は出資額だけ提供すればよく、自らの他の財産は提供する必要がない。これでは、例えば環境汚染や欠陥製品の被害者や、会社倒産時の債権者は充分に保障されない。この点は古くから指摘されているが、近年、株主の力の高まりとともに、権利と義務のアンバランスが目立つようになってきたと思う。

101 企業と国民の間の利害乖離

経済の高度成長時代（1960年頃から1980年代後半まで）は、企業と国民との間において、利害がほぼ一致していた。企業が発展すれば、国内の雇用は増え賃金も上がって、国民の生活は向上した。それは、企業と国民が蜜月にある幸せな時代であった。

ところが、1990年代以降、時代は変わった。ポイントは以下の二つである。

（1）グローバル化の進展とともに企業と国民との間で利害が分離するようになった。企業が海外に出て行けば、国内の雇用は失われる（産業の空洞化）。人件費の安い海外で生産して、海外からわが国に輸出すれば、国内の同業者は打撃を受けるだろう。グローバル的視野で最適の部品や資材を調達すれば、国内の部品・資材企業は立ち行かなくなるかもしれない。また、海外の株主が増えており、利益配当金は海外に流れ出ている。外国人の経営者も増えていて、企業の支配権を握られることも珍しくなくなった。

（2）経営のアメリカ式経営化とともに、企業と一般従業員との間に溝ができた。アメリカ式経営化により、資金調達先の中心が銀行借入から株式発行に移行し、株主が実権を持つようになった。その結果、企業は株主のものだという認識が普通となり、企業は株主のために利益追求するのが当然だという考え方が強くなった。従来、企業は従業員も含めて皆のものだと考えられ、雇用の保障も手厚かったが、最近では人員整理も容易に行なわれるようになった。また、従来は社長も一般の社員食堂で食事をとるなど日本的な和気あいあいとした雰囲気が尊重されたが、最近では経営者層と一般従業員とは区別され、報酬など処遇の面でも格差が大きくなった。

このように、グローバル化、アメリカ式経営化により、企業と一般国民との関係は変化し、高度成長時代のような利害一致は見られなくなった。

（1）については、海外から日本に進出して雇用を生む企業もあるし、また、日本人が海外企業の株主になることもある。したがって、お互いさまと言うべきかもしれない。そもそも、グローバルに展開している企業には国境は無く、どの国に所属するということもない。しかし、グローバル化によって生じる利害分離、すなわち雇用の喪失、被害を受ける産業、企業に対しては国家による対応が重要である。

（2）については、アメリカ式経営の弊害に注意すべきである。株主本位になって、企業経営が株価や時価総額に踊らされたり、従業員の雇用が不安定になったりすることに対しては、対処が必要である。とくに、雇用については、転職が容易になるように、再教育、職業訓練などの充実が要請されている。

102　動物の権利と経済活動

動物の権利は、倫理学において応用テーマの一つとして取り上げられている。人間に人権があるように、動物にも権利があるのではないかという発想に基づくのだろう。倫理学的理論はさておき、日ごろ動物と身近に接している人なら、人間と動物の連続性を実感できるのではないかと思う。いま私の家には猫がいるが、彼とはかなりコミュニケーションがとれるし、彼の感情もある程度までわかると感じている。人間と動物との関係を見ると、関係の深い動物から浅い動物まで連続線上に並べることができよう。人間と動物との間に一線が引かれるのは確かだが、決して断絶しているわけではない。この点、明確な線引きをするキリスト教世界と、我々仏教世界とは見方・感じ方に違いがあるようである。仏教世界ではもともと自然界の生きとし生けるものとの一体感があり、ましてや人間に近い動物とは親近感が持たれている。

我々は、日ごろ動物から恩恵を受けている。主に食料や衣料として利用させてもらっている。しかし、度を越した利用は慎まなければならないし、動物を必要以上に苦しめてはならない。様々な例が挙げられるだろうが、私は鶏の工場生産がすぐに頭に浮かぶ。狭いケージに鶏を閉じ込めて、食欲にかかわらず定時にはエサを与えて飼育し、卵と肉を取る。工業製品を大量生産するようなやり方である。昔は農家が庭で放し飼いのようにして飼っていた。今の鶏がかわいそうになる。また、鯛の活け造りや、ヤマメの串刺し焼きなども、随分残酷なことをしていると思う。私も食べたことがあるから、もちろん私にも罪はある。

現在、世界の人口は80億人を超えており（2023年末）、これだけの人口を養うには、食料についても現在のような工業的生産方法が必要になるのかもしれない。しかし、動物をむやみに苦しめることは避けねばならない。ニュース番組で矢の突き刺さった鳥のことなどを目にしたとき、誰でもそのような動物虐待には眉をひそめるであろうが、食用の動物の場合はあまり意識していないのではないだろうか？　誰もが動物に対して加害者になっているのだという意識を持つことが大切だと思う。そして、命をもらっている動物に少なくとも感謝の念を捧げたいと思う。

動物の食用については、営利活動との関連を考えることも重要である。さきほど鯛の活け造りを例として挙げたが、このようにして顧客に提供すれば店は流行って利益はあがるだろう。また、それにより我々顧客も喜ぶのだが、鯛にとってはあまりにも残酷だと思う。命を取らざるをえない時は、一思いに命をもらい受けるようにしたい。鶏の工場生産にしても、経済的には効率的でメリットは大きい。だが、鶏には酷である。我々は仏教的な慈愛の心をもっと持つべきだと思う。

103　環境保護と使い捨て税

近年、毎年のように襲ってくる桁外れの風水害や、北極の氷が溶けてシロクマがとまどっている様子を見ると、地球温暖化の深刻さを痛感させられる。自然環境の汚染・破壊を防ぐにはリサイクルなど循環経済化を強力に進めるとともに、税制の整備強化が重要である。税制としては環境税がよく取り上げられるが、ここで私は「使い捨て税」を提案したい。

モノが使い捨てされたり次々と流行が起きたりすれば、企業にとってはモノがよく売れて好都合である。しかし、資源浪費、環境破壊がもたらされ、地球はもたない。

使い捨ては様々なモノに及んでいる。食べ残し（フードロス）は莫大な量にのぼり、流行を追いかける衣類などは使い捨てられ、電気機器・情報機器など耐久消費財は使用期間がますます短くなっている。大型ゴミの日にゴミ置き場を見れば、まだ使えるモノがいっぱい捨てられている。また、わが国では中古住宅の評価が低く、住宅までも使い捨てにされる。人口減少を背景に空家率が上昇しているのに、次々と住宅、マンションが新築されるのが現状である。

企業の側も、ライバルとの競争に生き残るため次々と新鋭設備に切り替える。まだ使える設備をスクラップ・アンド・ビルドするのは製造業だけではない。商業施設（ホテル、ショッピングモール、遊園地など）も同様に使い捨てられる。また、企業は新製品開発に努めるが、そこでは「数打てば当たる」式の開発販売が行なわれることもある。企業にとっては、どれか一つが大当たりすれば儲かるのだが、その陰には大きな資源ロスが生じている。このような使い捨て体質を是正するために「使い捨て税」が考えられる。具体的方法は次の通りである。

①消費者に対して

耐久消費財などには購入時に取得税を課し、長く使えば後から返還する。住宅についても現行の取得税を引き上げる。また、それらが廃棄処分される時に、使用期間が短いほど高い処分料金を課す。

電器製品、家具、衣類などゴミとして出さずリサイクルすれば、税制上優遇（例えば取得価格の一定額を税額控除）する。

②企業に対して

取得税や廃棄処分料金については、消費者に対するのと基本的に同様である。設備を短期間で使い捨てにする場合は、減価償却費、除却損の損金算入額を減らすことも考えられる。

流行を創り出し使い捨てをあおるような宣伝広告も問題である。宣伝広告費の損金算入に限度額を設ける。

以上の「使い捨て税」の導入は、意識変革のためにも効果があるだろう。

104 見えない支配・管理

昔は支配が可視的であった。殿様がいて家来がいた。身分の別があり、就ける職業も決まっていた。しかし、今は国の指導者は世襲制ではなくて選挙により選ばれる。法律も指導者が決めるのではなく、国民の代表が国会で議論して決める。指導者も「法の支配」のもと法律には従わねばならない。

昔の支配は人格的であった。「人格的支配」とは、部下が特定の人物に服従することによって成り立つ支配である。しかし、今は国家であれ民間組織であれ、運営規則が決められており、その中で役割分担・権限配分も決まっている。そこでは、部下は特定の上司ではなく、上司の担う役割に付随する権限に従うのであり、「規則による支配」が成り立っている。

また、憲法で国民の基本的人権が保障され、自由・平等が理念として尊重される。こうした民主主義の下で、あからさまな支配や主従関係は見られなくなったのが現代である。だが、見えにくくなっていても支配や管理は存在する。

なぜなら、力（パワー）に差があれば、支配関係が生じるのが常だからだ。パワー源として個人の場合は能力、地位、財力など、企業なら経営資源（ヒト・モノ・カネ）が考えられ、また国家なら経済力のほか軍事力もパワー源になる。

経済の世界に目を転じれば、資本主義経済下では、自由に経済活動できる。需給調整や資源配分も政府が行なうのではなく、市場（需給原理）にまかせるのが基本である。だが、支配が存在しないわけではない。

と言うのは、企業間に力（パワー）の格差があるのは明白で、企業は生き残るために競争力をつけようとする。取引条件の決定にはパワーがものを言う。経済学は、価格は需給によって決まるとするが、パワーの影響も見逃せない。企業は資本力により他企業を支配する。銀行の資金力に依存する企業は銀行に支配される。業界ルールは力の強い企業が決める。このように、経済の世界でもパワー格差により支配関係が生じており、パワーにより物事が決まることは多い。

見えない支配・管理は、社会規範を通じたものも重要である。よく近代に入り人間は自由になったと言われるが、それは封建的規範・価値観から解放され自由になったという意味に過ぎない。現代も社会規範による拘束は強い。

現代の資本主義経済下では、物質的豊かさを幸福の源と見て、豊かさ実現のため経済成長をめざす。そして、成長を効率よく促進できるように競争を重視し、競争の勝者を賞賛する。こうした考え方、価値観に抵抗を感じなければ、それは何ら拘束にはならない。どんどんモノを売りまくり、競争に勝ち残って「勝ち組」に入り「富裕層」をめざすだろう。しかし、そうした成長重視、競争重視の価値観や生き方に疑問を感じれば、それはたちまち拘束と化すのである。

105　自由主義社会における自由

自由主義社会では、基本的人権が尊重され、自由は広範囲に認められている。しかし、歴史を振り返れば、封建社会では強固な身分制が敷かれ、人々には職業選択や結婚の自由さえ与えられていなかった。歴史は下るが、20世紀に入って約70年間続いた計画経済国家では経済活動の自由は無く、人々は国家の指令の下で働いた。現在でも、独裁的強権的な国家では、言論の自由が封じられていて人々は自由に発言できないなど、自由は大幅に制約を受けている。

では、自由主義社会では自由に対する制約をいかに考えればよいのか？　およそ制約の無い社会はありえないのであり、自由主義社会でも、二つの面から制約を捉えることができる。それは、①パワー（力、権力）による制約、②社会規範（ここでは価値観、ものの考え方、社会の風潮）による制約、の二つである。

①について。当然のことながら、国家権力は存在していて、それに従わねばならないことも多い。また、企業などの組織で働けば、上位者の指示・命令には従わねばならない。組織の中では下位の地位ほど自由裁量の余地は狭くなる。

一般に、パワー（力）の分布は不均一である。どの個体（個人、組織、国家）も同じだけパワーを持っているわけではない。大きなパワーを持つ個体と、小さなパワーしか持たない個体とがある。パワーに格差があれば、支配従属関係が生じ、従属者は制約を受ける。

れは、政府から見れば、中核の既得権層を取り込めていること（Cooptation）を示し、体制安定につながる。

また、政府は情報の管理に注力する。都合のよい情報だけ流し、広報・宣伝、マスコミ対策に務める。自らの政策を正当化する理論武装を行ない、世論を味方にするのも重要である。これはクレデンダと呼ばれ理性に訴えるものだが、情緒に訴えるミランダも使われる。国民の英雄をつくり、行事を利用して、国民の一体化をはかり愛国心を育むのがそれである。英雄については、例えば国民栄誉賞を設けて表彰する。行事については、記念日をつくって祭日にしたり、オリンピックで国威発揚をはかったりする。国家の統合のためには教育も重要である。自国の歴史、文化を若者に教えて国家を愛する国民をつくろうとする。

国家の統合をはかるために不満のハケ口（安全弁）を設けることもある。お祭りがハケ口の好例だが、投書や公聴会もハケ口になることがある。ハケ口としては、スケープゴートつくりもある。

政府による体制維持策としては、分割統治も考えられる。分割統治と言えば、古代のローマ帝国が有名だが、現在のわが国において野党各党が分裂状態にあるのも、政府から見れば一種の分割統治が実現しているとも言えよう。

また、国内の統合をはかるために、海外からの圧力、脅威を利用することもしばしば見られる。外部からの脅威があれば、内部は固まるからである。

108　自由と平等の相克

自由と平等は両立しないことがある。自由競争を推進すれば、競争の結果として勝者と敗者に分かれて経済格差が生じ、平等を損なう恐れがあるからだ。

自由と平等の相克について、いかに考えられるか？　概ね、次の通りだろう。競争のスタートラインにおいて機会（チャンス）が平等に与えられていれば問題は無く、敗者にも勝者と同じだけの分配を保障する必要はない。つまり、「機会の平等」が与えられれば充分で、「結果の平等」まで保証しなくてもよい、というのが一般的な考え方であろう。これは、自由な経済活動が認められていれば、結果に対しては自己責任を負うのが基本だ、という考え方にも通じる。

以上のように考えられるとしても、現実には様々な不満が出る。そもそも「機会の平等」は保障されているのか？　近年は社会的地位が世襲されて、階層が固定される傾向にあり、誰もが等しいスタートラインに立てるわけではない。また、大企業と中小企業との間におけるように、現実にはパワー（力）に格差があり、力の弱い方は自由に経済活動することが困難で、強い方に従属せざるを得ない。そのため、様々な不満が出るのだが、それには、いかに対処するか？

①国民にパン（経済的豊かさ）とサーカス（娯楽）をふんだんに与える。そのために経済成長を促進し、常に景気をよくする景気刺激策をとる。しかし、この対策は、地球環境

（温暖化など）から見て、いつまでも続けることはできない。成長一点張り政策を続ければ、環境破壊・汚染が進んで地球がもたなくなる。

②自由競争の結果、富裕層が生まれ格差ができても、富はやがてトリクルダウン（Trickle Down）して低所得層も潤う。しかし、潤うまでに時間がどれだけかかるかわからず、格差の是正につながるかも不明である。

③国民に「がんばれば成功できる」という夢を持たせる。アメリカン・ドリームがそれで、そうした夢が持てるのは自由経済社会だからこそだと喧伝する。だが、夢が実現する確率は低い。もっと地道で着実なやり方が望まれる。

上記の対策には、どこか危うい所があり「まやかし」が潜んでいる。不満に対しては正攻法で応じる必要があり、成長一点張りからの脱却や、所得分配の公正化をはかるのが正道ではないかと思う。

ところで、「そもそも論」も念頭に置く必要がある。人間は本当に自由を求めているのか？　例えば、自営業として自由に経済活動をするより、組織の一員として指示されたことをするだけでおカネをもらう方が楽だと思うことはないか？　また、人間は本当に平等を求めているのか？　他人と差をつけたい、他人よりよい生活をしたいとは思わないか？　こうした人間の本性、機微をも念頭に置いて、自由と平等の兼ね合いを考えるべきであろう。

あとがき

「新しい資本主義」の展望―経済システムの抜本的改革―

現代の経済システム（資本主義、自由経済）は、個々人は自らのつくるモノが売れなければ、あるいは、無理をしてでもモノを売り、売る競争に勝たなければ生きていけないようなシステムであり、マクロ的には経済成長しなければもたないようなシステムである。これはおかしいのではないか？　自然環境破壊、経済格差拡大、相次ぐ戦争やテロなどの現実を見れば、抜本的に経済システムをつくり替え、「新しい資本主義」を実現しなければならない時が来ている。

経済の長い歴史を振り返り、我々が捨て去った経済システムの「よい点」から何か学べないか考えてみることから始めよう。太古まで歴史を振り返ると、最初は家族やムラ単位で自給自足していたが、次第に生活に必要なモノを分業で生産し生産物を交換するようになった。この分業交換システムは、物々交換から始まり、交換の輪の広がりとともに貨幣経済が発達した。そして、産業革命を契機に農業社会から産業社会（製造業、サービス産業）に移行し、経済システムは、一時（20世紀の数十年間）計画経済も試みられたものの、今では自由経済（資本主義経済）システムがグローバルに広がっている。そして、近年はマネー経済化、情報化が顕著に進展してきた。

以上の歴史を簡単に述べれば、自給自足経済から分業交換経済へ、分業交換経済は物々交換経済から貨幣経済へ、そして産業革命以降一時計画経済も見られたが、今では自由経済一色になり、さらにマネー経済化・情報化が生じたという流れになる。この流れに沿って「新しい資本主義」を構想してみよう。

（1）自給自足と分業交換：分業交換経済は今ではグローバル化の名のもとに地球大に及んだが、弊害も目立つようになっている。食料はじめ自給率が低下し、製造業の輸出のために農業が犠牲にされ、工業の海外移転により雇用が失われるなどがそれである。各地域で地産地消を進めるとともに、国家単位の地産地消も考える必要がある。

（2）物々交換と貨幣経済：物々交換経済下では、実物、物量が重要であったが、貨幣経済に移行すると貨幣獲得が最重要視され、交換価値が経済行動の基準になった。貨幣無しに経済は回らないが、貨幣経済が行き過ぎてマネーゲームが横行する事態は避けねばならない。また、生活にとって必要なのは究極的にはモノ（実物）だとの認識を再確認すべきである。それは非常事態（災害時や戦時）を想い起こせばよくわかるだろう。また、まだ使える（使用価値がある）のに交換価値の低いモノは大事にしないのが、交換価値を基準にした経済活動だが、それはまことに「もったいない」ことで、資源浪費につながる。

（3）自由経済（市場経済）と計画経済（社会主義経済）：計画経済は20世紀末に破綻したが、自由経済においても計画的要素（国家の関与）は残っており、現実には計画も加味した「混合経済」になっている。だが、新自由主義の加速とともに「小さい国家」が唱えられ、民営化、規制撤廃が進められて国家の役割はますます縮小した。しかし、立ち遅れ気味の公共財・公共サービスの供給を始め国家の役割は重要である。現在は特に分配の公正（格差の是正）、ベーシック・インカムの検討、マネーゲーム規制（トービン税も含めて）、環境保護（温暖化対策強化など）、研究開発（イノベーション）促進が重要だと思う。

（4）情報化、AI・ロボット化：AI、ロボットが広く使われるようになり、失業が増えるのではないかと懸念されている。しかし、基本的に機械化は人間を楽にするはずである。ある所で仕事が無くなっても、社会全体でワークシェアリングをすれば、結局は社会の皆にとり自由時間が増えて万人の幸福が増すものと思う。農業社会を顧みれば、ワークシェアリングは普通に行なわれていた。

（5）循環経済化：もっぱら天然資源を使っていた農業社会では、使った資源を再び自然に戻すという循環経済が成立していた。それが産業革命以降、化石燃料に依存するようになり、一方的に資源を使い尽くして自然環境を汚染する一方通行型経済となった。これを改めるために現在様々な努力がなされているが、さらなる努力が要請されている。

（6）株主資本主義とステークホルダー資本主義：21世紀に入り四半世紀が経とうとする現在、株主中心の株主資本主義が全盛期を誇っているが、企業が株主の言いなりになったり、マクロ経済がマネーゲームに振り回されたりするという弊害が出ている。企業は「社会の公器」であるから、企業を支えるすべてのステークホルダーの利害を調整するようなステークホルダー資本主義に変える必要がある。例えば、取締役会に従業員、地域社会、消費者などの代表が参加できるようにするなどが考えられてよい。また、株式会社においてはもちろん、社会の各所においてチェック機構をさらに強化する必要がある。

最後に、改めて「経済とは何か」を確認しておく。経済とは生活に必要なモノを生産供給することだと一応は言えるだろう。しかし、現実を見れば、モノの生産供給をめぐり、所得（カネ）はもちろん地位、名誉、権力の獲得をめざして激しく競争している。それは必需品生産に汲々としていた貧しい時代よりも、非必需品中心の豊かな現代社会における方が顕著である。そうだとすれば、経済とは必要物の生産供給ではなく、所得、地位、名誉、権力を追求することであり、経済システムとは、所得、地位、名誉、権力を配分する仕組みだと言うことになる。

しかし、私は、経済とは必要物を供給することであり、経済の一翼を担う企業の目的は、社会的分業システムの中で分担したこと（何らかのモノの生産供給）をやり遂げることだと思う。これは、温暖化、格差、戦争はじめ様々な問題に対応する時の基本認識として重要である。

著者プロフィール
西岡 健夫（にしおか たけお）
1943年、大阪府茨木市生まれ
・学歴：1966年、京都大学経済学部卒業
・経歴：
大阪ガス株式会社勤務を経て、1987年に追手門学院大学へ移籍
2014年、追手門学院大学を定年退職
現在、追手門学院大学名誉教授
・学位：博士（経済学、京都大学）
・主要著書：
『企業と経済・社会システム』（晃洋書房、1985年）
『市場・組織と経営倫理』（文眞堂、1996年）
『成熟社会の企業学』（文眞堂、2003年）
『悪い成長 悪い競争』（静岡学術出版、2018年）

新しい資本主義108のヒント
強い者勝ちから知足共生へ

2024年7月15日　初版第1刷発行
2024年9月15日　初版第2刷発行

著　者　西岡 健夫
発行者　瓜谷 綱延
発行所　株式会社文芸社
〒160-0022　東京都新宿区新宿1－10－1
電話　03-5369-3060（代表）
03-5369-2299（販売）

印　刷　株式会社文芸社
製本所　株式会社MOTOMURA

ISBN978-4-286-25444-9